Umwelt 2000

Texte von Wolfgang Klausewitz, Wilhelm Schäfer und Wolfgang Tobias
Redaktionelle Bearbeitung von Dagmar Tobias
Gestaltung von Jürgen Wirth

dr. peter kasten
34 göttingen
fridtjof-nansen-weg 8
tel. 0551 / 4 13 84

Kleine Senckenberg-Reihe Nr. 3
Herausgegeben von der
Senckenbergischen Naturforschenden Gesellschaft
Verlag Waldemar Kramer, Frankfurt am Main

15.4.76

Die diesem Textband zu Grunde liegende Sonderausstellung wurde von F. Fleckenstein, N. Fleckenstein, G. Gerdes, E. Haupt, B. Jüttner, W. Klausewitz, C. Kutter, P. Lang, H. Leffler, H. Pape, B. Perl, I. Rademacher, W. Schäfer, N. Schmidt, G. Schulze, H. Sewzick, E. Spindler, G. Stickler, D. Tobias, W. Tobias, K. Walch, K. Wand, J. Wirth und H. Zetsche, alle tätig am Senckenberg-Museum Frankfurt, aufgebaut und am 17. Dezember 1970 von Walter Möller eröffnet.

ISBN 3-7829-1049-4
© 1971 Dr. Waldemar Kramer, Frankfurt am Main
Dritte Auflage mit einer Ergänzung von W. Klausewitz November 1973
Druck von W. Kramer & Co. Frankfurt am Main

Inhaltsverzeichnis

Zum Hungern geboren	7
Jährlich stirbt eine Tierart aus	10
Ausverkauf der Landschaft	15
Wir ersticken im Müll	17
Das biologische Gleichgewicht	18
Monokulturen und Schädlinge	25
Probleme der Schädlingsbekämpfung	28
Pestizide = Pflanzenschutzmittel	33
PCB — ein spät erkanntes Umweltgift	41
Schleichende Bleivergiftung	42
Lebendiges Silber — tödliche Gefahr	44
Schwermetalle im Wasser	49
Uns geht die Luft aus	50
Das Meer — Schatzkammer der Erde	54
Wasser — Mangelware	59
Keine Hoffnung für den Rhein?	65
Gewässerprojekt Untermain	69
Das friedliche Atom — ein Mythos?	72
Was kostet der Umweltschutz?	77
Bilanz	78
Schrifttum	79
Ergänzung	103
Sachregister	123

Vorwort

Das Inhaltsverzeichnis zeigt die Spanne des in diesem Band behandelten Stoffes. Er will also Wissen vermitteln und Zusammenhänge zu jedermanns Gebrauch deutlich machen. Wie die Ausstellung „Natur in Gefahr! — Gefährdete Menschheit?" im Senckenberg-Museum versteht sich dieser Textband aber auch als Demonstration. So ist es wohl richtig, wenn auch diese Seiten durch das Bild der Ö k o p l a g e eingeleitet werden. Wer aber ist das? „Ökoplage" ist der Name einer 3 m hohen Eisenplastik, gebaut im Senckenberg-Museum und aufgestellt im mittleren Saal unserer Sonderausstellung. Wir versuchen durch sie, in einem einzigen Begriff die Situation der Menschheit im Zugriff der Umweltbelastungen zu personifizieren.

In ihrem schimmernden Außengewand zeigt sie die Perfektion unseres modernen Lebens. Sie steht als Beherrscherin unserer Welt in der geneigten Erdachse. Ihre absolute Vorherrschaft im Materiellen und im Geistigen macht ihr heute niemand streitig. Lernen wir die schwarze Eisengestalt etwas genauer kennen. Umwandern wir sie, so zeigt sich im geöffneten Innern die Kehrseite dieser Perfektion: Müll, Schrott, Zivilisationsgifte, und auf ihrem steil aufgerichteten Körper sitzt anstatt eines belebten und die Zusammenhänge beherrschenden Kopfes der leere gehörnte Schädel eines großen Tieres, der noch im Untergang die Genialität des Natürlichen zeigt. In solcher Weise verbindet sich im Anblick der Schönheit des nackten Schädels das Urwüchsige mit den Kennmalen des Zerfalls.

Symbole muß man beim Namen nennen können. So haben wir diese Gestalt, um ihre Gegenwart, wo sie auch auftritt und um ihre zerstörende Wirkung, wo und wie sie sich zeigt, fassen zu können, den Namen

Ö k o p l a g e

gegeben, und wir haben auf ihr metallenes Gewand geschrieben:

Ökoplage
Geissel unserer Welt
Frankfurt 1970

Das Wort „Ökoplage" setzt sich aus zwei Wortstämmen zusammen. Plage (sich anlehnend an die Plagen des Alten Testaments) = plaga (lateinisch) Schlag; plangere = schlagen, urverwandt mit fluchen. — Oikos (griechisch) = Haus, Wohnbereich, geläufig im Wort „Ökologie" = Wissenschaft von den Organismen in der Beziehung zu ihrer Umwelt.

Die in diesem Textband zusammengetragenen Daten geben einen ersten und, wie wir selbst wohl wissen, ganz groben Überblick über einige Fakten und Zusammenhänge, die im Gefolge der ständigen Zunahme der Erdbevölkerung und der damit notwendigen industriellen und technischen

Durchdringung unseres Lebens auftreten und die heute und erst recht in der Zukunft für die menschliche Existenz und für alle Lebewesen auf der Erde von immer größerem Einfluß werden.

Wo solche lebenswichtigen und viele Lebensbereiche umfassenden Belange auf dem Spiel stehen, sind es sehr bald nicht mehr diese Fakten, die unser Tun bestimmen, vielmehr drohen reine Ideologien und Meinungen sowie Gesichtspunkte nur speziellen Interesses sich in den Vordergrund zu drängen. Geschähen solche Fehlleistungen hier, käme dies einer verlorenen Schlacht gleich. So sollten wir nicht vergessen, daß alle Bemühungen um die Erde und ihre Bewohner mit dem Besitz einer erschöpfenden und die Zusammenhänge klärenden wissenschaftlichen Basis stehen und fallen. Diesen Besitz zuverlässiger Kenntnis zu erwerben, ist eine der großen Aufgaben der Erd- und Lebenswissenschaften und der Medizin. Ökologie als Grundlagenwissenschaft wird daher ab heute eine weit größere Beachtung und eine wirksamere Unterstützung erfahren müssen, als dies bisher geschah.

Wenn die Wissenschaften die aus der Kenntnis der Sachzusammenhänge gewonnenen Daten zu liefern in der Lage sind, so sind sie auch die einzig maßgebliche Unterlage in der Auseinandersetzung mit allen retardierenden Momenten in der menschlichen Gesellschaft und sie sind der eigentliche Maßstab für alle praktischen Maßnahmen der Ordnung unseres zukünftigen Lebens. Sie sollten daher in ihren Grundzügen zum geistigen Besitz aller werden (wozu diese Ausstellung und dieser Textband zur Ausstellung beitragen wollen) und sie sollten in ihren Ergebnissen stärker als bisher in die Lehr- und Studienpläne Eingang finden.

Eine gewaltige Aufgabe steht jedem einzelnen bevor.

Die hier abgedruckten Texte und graphischen Darstellungen entstammen unserer Sonderausstellung im Senckenberg-Museum. Die Texte, für die Ausstellung auf das Äußerste gerafft und oft nur stichwortartig, sind zum Teil erweitert, zum Teil ganz umgeschrieben.

Zum Hungern geboren

Während man diesen Satz liest, werden auf der Erde 7 Kinder geboren und 5 Menschen sterben.

Jede Sekunde nimmt die Bevölkerung der Erde

	um	2	
jede Minute	um	120	
jede Stunde	um	7 200	
jeden Tag	um	172 800	
jede Woche	um	1 209 600	
jeden Monat	um	5 184 000	
jedes Jahr	um	63 072 000	Menschen zu.

„Die Menschheit wächst nicht länger, sie explodiert." (C. Jacobi)

Vor 1 Million Jahre, der unteren Altsteinzeit, dürfte der Mensch nur in Afrika mit einer geschätzten Gesamtbevölkerung von 125 000 Individuen gelebt haben. Asien und Europa wurden vermutlich erst in der mittleren Altsteinzeit vor 300 000 Jahren besiedelt.

Die Gesamtbevölkerung von 1 Million dürfte frühestens in der mittleren Altsteinzeit, möglicherweise sogar erst am Ende der letzten Eiszeit vor etwa 10 000 Jahren erreicht worden sein.

Vor 6 000 Jahren begann die Anlage von Dörfern und Städten, was zu einem raschen Anwachsen der Bevölkerung führte: schätzungsweise 86 Millionen.

Zu Beginn unserer Zeitrechnung soll die Gesamtbevölkerung 133 Millionen, nach anderen Schätzungen 250 Millionen betragen haben.

Im Jahre 1600 betrug die Gesamtzahl 500 Millionen.

Um 1830 hatte sich die Menschheit auf 1 Milliarde verdoppelt.

1930 war die Bevölkerung auf 2 Milliarden angestiegen.

1965 waren es 3,3 Milliarden.

1975 werden es 4 Milliarden sein.

Für das Jahr 2000 wird eine Weltbevölkerung von 7,4 Milliarden vorausberechnet,

für das Jahr 2050 von 25 Milliarden.

„Eine Sintflut von Menschenkörpern kommt auf uns zu." (T. Fox)

„In sechseinhalb Jahrhunderten, der gleichen unbedeutenden Zeitspanne, die uns vom Dichter Dante trennt, stünde ein Mensch auf jedem Quadratfuß Boden auf Erden — eine Schreckensvision gegenüber der selbst das ‚Inferno' verblaßt."

(McNamara)

Worin sind die Ursachen dieser Bevölkerungsexplosion zu suchen? Während Seuchen wie Cholera und Pest, Hungerkatastrophen und daraus resultierende Krisenzeiten mit langandauernden Kriegen die Menschheit des Mittelalters fast um ein Viertel dezimierten, brachte die stürmische Entwicklung der Naturwissenschaften in der Neuzeit einen gewaltigen Aufschwung auf den Gebieten Medizin und Sozialhygiene und führte zu einer drastischen Senkung der Kindersterblichkeit und gleichzeitigen Erhöhung der Lebenserwartung.

Bereits an der Wende zum 19. Jahrhundert malte der englische Pfarrer und Volkswirt Thomas Robert Malthus ein apokalyptisches Bild der Überbevölkerung, indem er meinte, die Menschheit müsse verhungern, wenn eine Familie in Zukunft mehr als zwei Kinder bekomme. Die Erzeugung von Nahrungsmitteln könne mit dem Bevölkerungsanstieg nicht Schritt halten (Gesetz vom abnehmenden Bodenertrag). Später erklärte der Philosoph John Stuart Mill (1806–1873):

„**Es gibt keine Zivilisation, die erlaubt, eine größere Menschenzahl so gut zu versorgen wie eine kleine. Die Schäbigkeit der Natur ist es, ihr unbegreiflich schmutziger Geiz — nicht die Ungerechtigkeit der Gesellschaft! — die auf Überbevölkerung mit der Strafe des Hungers antwortet.**" (J. S. Mill)

Heute hat bereits die Hälfte der Menschheit keine ausreichende Nahrung. Von den 3,3 Milliarden Menschen des Jahres 1965 waren nur 35% gut ernährt, 50% knapp ernährt, 15% hungerten. An den direkten und indirekten Auswirkungen des Hungers sterben jährlich 10 Millionen Menschen.

Geschätztes Wachstum der Weltbevölkerung von 8000 v. bis 2000 n. Chr. Abszisse: Jahreszahlen; Ordinate: Bevölkerungszahl in Milliarden. (Nach Ehrlich & Ehrlich, abgeändert.)

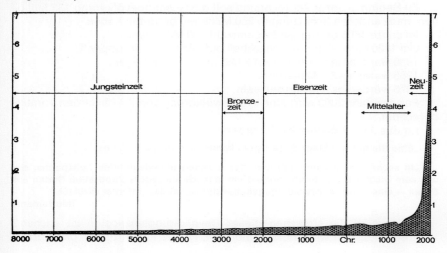

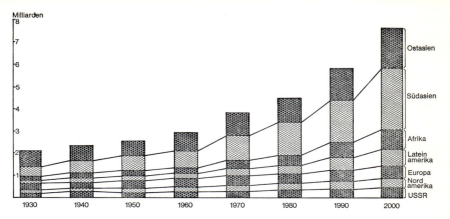

Bisheriges und voraussichtliches Wachstum der Weltbevölkerung seit 1930 bis zum Jahr 2000, in kontinentale oder subkontinentale Bevölkerungsgruppen aufgegliedert, nach Statistiken der Vereinten Nationen. (Nach Ehrlich & Ehrlich.)

Hungersnöte können die Bevölkerungsexplosion nicht aufhalten. Im vorigen Jahrhundert verhungerten 100 Millionen Chinesen; zwischen 1870 und 1900 20 Millionen Inder. Beide Völker zusammen haben heute 1,25 Milliarden Menschen.

Moderne Soziologen sind der Ansicht, nicht Hunger und Not bremsten das Wachstum der Bevölkerung, sondern im Gegenteil der Wohlstand. Eine sinnvolle Familienplanung ist erst mit dem Aufstieg vom Analphabetentum zu kultureller Bildung und höherem Sozialniveau zu erreichen.

Der enorme Bevölkerungszuwachs in den letzten Jahrhunderten und heute ist auf den Entwicklungsprozeß der Völker, den Bevölkerungszyklus, zurückzuführen, der sich in vier Abschnitte gliedert: Im ursprünglichen Zustand entspricht einer hohen Geburtenrate eine hohe Sterberate, so daß der Bevölkerungsanstieg sehr gering ist. Mit der Einführung von Medizin und Hygiene sinkt die Sterberate, während die Geburtenrate auf dem hohen Stand bleibt, so daß die Bevölkerungszahl rasch steigt. Bei zunehmender sozialer Aufklärung und Schulbildung sinkt die Sterberate weiter, gleichzeitig reduziert sich aber auch die Geburtenzahl, womit sich der Bevölkerungszuwachs verringert. Schließlich stellt sich zwischen der geringen Sterbe- und Geburtenrate ein Gleichgewicht ein, so daß sich die Bevölkerung nur sehr langsam, wenn überhaupt vermehrt.

Der letzte Zustand trifft beinahe auf alle westeuropäischen Völker zu, aber auch die slawischen Völker treten in das Stadium ein, in dem sich der Bevölkerungszuwachs verlangsamt. Entscheidend für eine Verlangsamung des Anstiegs sind die Überwindung des Analphabetentums und die Rationalisierung aller Lebensbereiche. Das schnelle Wachstum der Bevölkerungszahl wird somit nach den bisherigen Erfahrungen erst dann zu einem Stillstand kommen, wenn bei allen Völkern Wohlstand und Bildung eingekehrt sind (Kolbe).

„Die Überbevölkerung der Erde ist ein Problem, das jeden angeht und nur in internationaler Zusammenarbeit gelöst werden kann." (H. Nachtsheim)

Jährlich stirbt eine Tierart aus

Die menschliche Freude am Töten, am Profitmachen und an der Landbesitznahme sind die wesentlichsten Ursachen für das Aussterben vieler Tiere.

In den letzten 300 Jahren wurden mehr als 200 Säugetier- und Vogelarten ausgerottet. Mehrere hundert weitere Tierarten sind heute unmittelbar vom Aussterben bedroht.

Ausgerottete Vögel

Arabischer Strauß	20. Jhdt.	Schießlust
Tasmanischer Emu	19. Jhdt.	Bekämpfung
Känguruhinsel-Emu	19. Jhdt.	Waldzerstörung
Guadeloupe-Wellenläufer	20. Jhdt.	verwilderte Katzen
Brillenkormoran	1852	Jagd u. Eiersammeln
Guadeloupe-Karaka	1900	Bekämpfung u. Biotopzerstörung
Bonin-Nachtreiher	1889	Biotopzerstörung u. verwilderte Katzen
Washington-Insel-Schnatterente	19. Jhdt.	Zivilisation
Labrador-Ente	1875	Jagd u. Biotopzerstörung
Auckland-Säger	1901	Jagd u. Faunenverfälschung
Hauben-Brandente	1916	Jagd
Neuseeland-Wachtel	19. Jhdt.	Krankheiten
Himalaya-Bergwachtel	19. Jhdt.	Jagd
Kupidohuhn	1932	Schießlust u. Waldzerstörung
Madagaskar-Kuckuck	20. Jhdt.	Biotopveränderung
Rotschnabelralle	19. Jhdt.	Katzen u. Ratten
Einfarbralle	1881	Faunenverfälschung
Streifenralle	19. Jhdt.	Katzen u. Ratten
Wake-Ralle	20. Jhdt.	Jagd
Auckland-Ralle	19. Jhdt.	verwilderte Katzen
Chatham-Ralle	19. Jhdt.	Faunenverfälschung
Laysan-Ralle	20. Jhdt.	Ratten
Hawaii-Ralle	19. Jhdt.	Faunenverfälschung
Karolina-Ralle	19. Jhdt.	Ratten
Fidji-Ralle	20. Jhdt.	Faunenverfälschung
Samoa-Ralle	20. Jhdt.	Haushunde u. Ratten
Mauritius-Ralle	17. Jhdt.	Jagd

Blatthühnchenralle	20. Jhdt.	Hauskatze u. Ratten
Tristan-Teichhuhn	19. Jhdt.	Haushunde
Weißes Sultanshuhn	19. Jhdt.	Jagd
Gesellschaftsläufer	19. Jhdt.	verwilderte Schweine
Eskimobrachvogel	20. Jhdt.	Jagd u. Biotopveränderung
Riesenalk	19. Jhdt.	Eiersammeln
Mauritius-Fruchttaube	18. Jhdt.	Jagd
Neuseeland-Fruchttaube	19. Jhdt.	Biotopveränderung
Salomonen-Erdtaube	20. Jhdt.	verwilderte Katzen
Wandertaube	20. Jhdt.	Jagd u. Schießlust
Blautaube	20. Jhdt.	Biotopveränderung
Bonin-Taube	20. Jhdt.	verwilderte Katzen
Dodo	17. Jhdt.	Jagd u. Faunenverfälschung
Dünnschnabel-Kaka	19. Jhdt.	Bekämpfung
Guadeloupe-Amazone	18. Jhdt.	
Culebra-Amazone	20. Jhdt.	Biotopveränderung u. Tierhandel
Kuba-Ara	19. Jhdt.	Tierhandel u. Bekämpfung
Puerto Rico-Sittich	19. Jhdt.	Zivilisation
Karolina-Sittich	20. Jhdt.	Bekämpfung
Reunion-Sittich	19. Jhdt.	Waldzerstörung
Seychellen-Sittich	19. Jhdt.	Waldzerstörung
Rodriguez-Sittich	20. Jhdt.	Waldzerstörung
Mauritius-Sittich	17. Jhdt.	Jagd
Rodriguez-Papagei	17. Jhdt.	Jagd
Neukaledonien-Lori	20. Jhdt.	Waldzerstörung
Lord Howe-Ziegensittich	19. Jhdt.	Bekämpfung
Maquarie-Ziegensittich	20. Jhdt.	verwilderte Haustiere
Tahiti-Laufsittich	19. Jhdt.	Zivilisation
Ulieta-Laufsittich	18. Jhdt.	
Rodriguez-Eule	17. Jhdt.	Zivilisation
Kanincheneule	19. Jhdt.	Faunenverfälschung
Neuseeland-Eule	19. Jhdt.	Zivilisation u. Faunenverfälschung
Seychellen-Ohreule	20. Jhdt.	Zivilisation
Puerto Rico-Ziegenmelker	20. Jhdt.	Faunenverfälschung
Jamaica-Ziegenmelker	19. Jhdt.	verwilderte Hauskatzen
Riu-Kiu-Eisvogel	19. Jhdt.	
Guadeloupe-Kupferspecht	20. Jhdt.	Vegetationszerstörung durch Schafe
Stephen-Schlüpfer	20. Jhdt.	verwilderte Katzen
Guadeloupe-Zaunkönig	20. Jhdt.	Faunenverfälschung
Martinique-Zaunkönig	20. Jhdt.	Faunenverfälschung
Kurzschwanz-Zaunkönig	19. Jhdt.	Vegetationszerstörung durch Ziegen
Inseldrossel	20. Jhdt.	verwild. Katzen u. Schweine
Ulieta-Drossel	18. Jhdt.	verwild. Katzen u. Ratten
Bonin-Drossel	20. Jhdt.	verwild. Katzen u. Ratten
Oahu-Hawaiidrossel	20. Jhdt.	Ratten
Molokai-Hawaiidrossel	20. Jhdt.	Ratten u. Krankheiten
Lanai-Hawaiidrossel	20. Jhdt.	eingeschleppte Krankheiten

Laysan-Rohrsänger	20. Jhdt.	Zivilisation
Chatham-Grassänger	19. Jhdt.	Zivilisation u. Ziegen
Viti-Levu-Grassänger	19. Jhdt.	Zivilisation
Graszaunkönig	20. Jhdt.	verwilderte Katzen
Inselschnäpper	19. Jhdt.	Zivilisation
Tahiti-Monarch	20. Jhdt.	Zivilisation
Fächerschnäpper	19. Jhdt.	Zivilisation
Glockenhonigfresser	19. Jhdt.	Ratten
Schmalfederhonigfresser	19. Jhdt.	Zivilisation
Weißspitzen-Krausschwanz	19. Jhdt.	Waldzerstörung
Hawaii-Krausschwanz	20. Jhdt.	Waldvernichtung
Molokai-Krausschwanz	20. Jhdt.	Waldvernichtung
Seychellen-Brillenvogel	20. Jhdt.	Waldvernichtung
16 Hawaii-Kleidervögel	19./20. Jhdt.	Waldvernichtung, Zivilisation u. wildernde Katzen
Grundrötel	19. Jhdt.	Ziegen
Bonin-Fink	19. Jhdt.	Zivilisation
St. Christopher-Kernbeißerammer	20. Jhdt.	verwilderte Katzen
Galapagos-Kernbeißerfink	19. Jhdt.	Tierhandel
Sao Thomé-Weber	19. Jhdt.	Zivilisation
Réunion-Weber	18. Jhdt.	Zivilisation
Réunion-Star	18. Jhdt.	Zivilisation
Lord Howe-Star	20. Jhdt.	Ratten
Kusaine-Star	20. Jhdt.	Ratten
Gesellschafts-Star	19. Jhdt.	
Lappenhopf	20. Jhdt.	Waldzerstörung

Ausgerottete Säugetiere

Beutelspitzmaus	20. Jhdt.	Zivilisation
Streifenbeuteldachs	20. Jhdt.	Faunenverfälschung
Westl. Beuteldachs	20. Jhdt.	Faunenverfälschung
Gaimards Rattenkänguruh	20. Jhdt.	Faunenverfälschung
Gilberts Rattenkänguruh	19. Jhdt.	Jagd
Breitgesicht-Rattenkänguruh	20. Jhdt.	Faunenverfälschung
Toolach-Wallaby	20. Jhdt.	Faunenverfälschung
Beutelwolf	20. Jhdt.	Bekämpfung
6 Antillen-Insektenfresser	17./19. Jhdt.	Ratten u. Mungo
Weihnachtsinsel-Spitzmaus	20. Jhdt.	wildernde Katzen
7 Westind. Fledermäuse	19./20. Jhdt.	Waldvernichtung
Büschelohr-Katzenmaki	19. Jhdt.	Waldvernichtung
15 Antillen-Stachelratten	17./20. Jhdt.	Katzen u. Mungo
8 Antillen-Hamster	17./20. Jhdt.	Katzen u. Mungo
3 Altweltratten		Faunenverfälschung
2 Pacaranas	19. Jhdt.	Jagd
Stellers Seekuh	1768	Jagd
Seewiesel	19. Jhdt.	Fellverwertung
Grizzly-Bär, 17 Rassen	19./20. Jhdt.	Jagd u. Bekämpfung
Atlasbär	19. Jhdt.	Jagd, Bekämpfung u. Waldzerstörung

Langohrfuchs	19. Jhdt.	Bekämpfung
Japanischer Wolf	20. Jhdt.	Bekämpfung
Antarktis-Wolf	19. Jhdt.	Bekämpfung
Neufundland-Wolf	20. Jhdt.	Bekämpfung
Florida-Wolf	20. Jhdt.	Bekämpfung
Östl. Puma	20. Jhdt.	Bekämpfung
Europäischer Löwe	hist. Zt.	Bekämpfung
Kaplöwe	1865	Bekämpfung u. Schießlust
Berberlöwe	1922	Bekämpfung u. Schießlust
Syrischer Wildesel	1927	Jagd
Algerischer Wildesel		Schießlust
Quagga	1878	Schießlust
Burchells Zebra	20. Jhdt.	Bekämpfung u. Schießlust
Arizona-Wapiti	1906	Schießlust u. Waldzerstörung
Östlicher Wapiti	19. Jhdt.	Waldzerstörung
Schomburgks Hirsch	20. Jhdt.	Heilaberglaube
Dickhornschaf	20. Jhdt.	Jagd u. Schießlust
Pyrenäensteinbock	1910	Jagd
Portugiesischer Steinbock	1892	Jagd u. Schießlust
Rötliche Gazelle	1920	Jagd u. Schießlust
Blaubock	19. Jhdt.	Bekämpfung
Nordafr. Kuhantilope	1920	Jagd
Ur oder Auerochse	1627	Jagd u. Waldzerstörung
Östlicher Bison	1825	Jagd u. Schießlust
Oregon-Bison	1850	Jagd u. Schießlust
Kaukasischer Wisent	1830	Jagd u. Waldzerstörung

(nach ZISWILER)

Erschreckend ist die Verarmung unserer Fauna.

Etwa 300 000 Hasen, Rehe, Hirsche und Wildschweine, dazu Millionen von Kleinsäugern, Vögeln und Kriechtieren sterben jährlich den Verkehrstod auf bundesdeutschen Straßen. Der Igel ist in Gefahr, durch den Verkehr ausgerottet zu werden.

In den letzten 70 Jahren haben die insektenfressenden Singvögel um 90 Prozent abgenommen — Opfer des Vogelfangs und der Schädlingsbekämpfungsmittel.

Die Wandertaube (Ectopistes migratorius) lebte bis ins vorige Jahrhundert zu vielen Milliarden in Nordamerika. Wegen ihres wohlschmeckenden Fleisches wurde sie von einem Heer von Jägern und Fängern verfolgt. Im Jahre 1879 wurde allein im Staate Michigan noch 1 Milliarde Wandertauben erbeutet. 20 Jahre später, 1899, beobachtete man das letzte Tier in Freiheit. Die allerletzte Wandertaube starb 1914 in einem amerikanischen Zoo.

Auf einer Insel bei Tasmanien wurde der Gesamtbestand von 80 Millionen Pinguinen getötet und industriell zu Tran verkocht.

Die Bartenwale werden bald ausgestorben sein. Im nördlichen Eismeer ist das Vernichtungswerk bereits abgeschlossen. Vor 1900 wurden in den Weltmeeren pro Jahr etwa 600 Bartenwale erbeutet. 1932 waren es 43 000

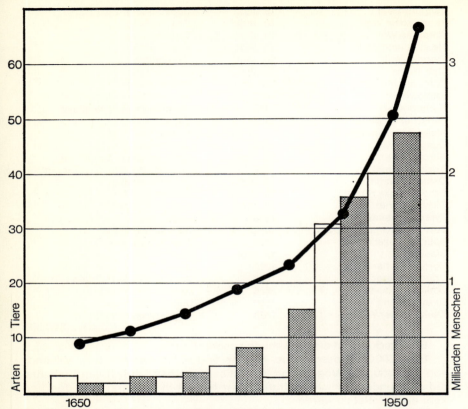

Die Beziehung zwischen der Bevölkerungsexplosion und der Zahl ausgestorbener Tiere. Schwarze Linie: Die Bevölkerungszunahme zwischen 1650 und 1950 (in Milliarden). Weiße Blöcke: Ausgestorbene Säugetiere. Graue Blöcke: Ausgerottete Vogelarten.

und heute werden jährlich etwa 70 000 Wale geschossen, erheblich mehr, als Junge geboren werden. Fast alles kann man von diesen Tieren verarbeiten und zu Geld machen. Rechtfertigt dieses wirtschaftliche Motiv die Massenschlächterei und die Vernichtung einer ganzen Tiergruppe? Die Geschichte des Fangs der Bartenwale ist die Geschichte des Raubbaus und des Mordens, bis zum heutigen Tag.

Jährlich werden von den Walfängern 30 000 Pottwale, die die größten Zahnwale sind, getötet. Vor den Kanarischen Inseln werden in jedem Sommer Schulen von Pottwalen geschlachtet und an Land abgespeckt.

Eine weitere blutige Rechnung: Jährlich werden 10 000 Walrosse geschossen. Der jetzige Bestand von etwa 40 000 Tieren verringert sich pro

Jahr um 5000. Demnach werden die Walrosse in neun Jahren ausgerottet sein, wenn sie zuvor nicht international unter Schutz gestellt werden und diese Schutzbestimmungen nicht überall strengste Beachtung finden.

Nashörner sterben für alternde Männer: Die Hornsubstanz der Nashörner wird mit hohem Profit von chinesischen Händlern in Südostasien als Stärkungsmittel für alternde Männer verkauft. Am stärksten bedroht sind die drei asiatischen Nashorn-Arten, die kurz vor der Ausrottung stehen.

Vom Java-Nashorn (Rhinoceros sundaicus) gibt es höchstens noch 25 Tiere, vom Sumatra-Nashorn (Didermoceros sumatrensis) etwa 10 und vom indischen Panzer-Nashorn (Rhinoceros unicornis) höchstens 200 Exemplare. Java- und Sumatra-Nashorn sind in freier Wildbahn nicht mehr zu retten. Auch in Ostafrika werden durch Wilderer jährlich etwa 1000 Nashörner getötet.

Die endgültige Ausrottung aller Nashorn-Arten ist noch für dieses Jahrzehnt zu befürchten.

„Die Erhaltung von ein paar Krokodilen, Leoparden, Uhus oder Fischottern ist eine ebenso notwendige Kulturaufgabe des Menschen wie die Bewahrung der Akropolis, der Pyramiden oder wertvoller Schlösser." (H. Weinzierl)

Ausverkauf der Landschaft

Der Mensch beutet die Natur aus, ohne auf ihre Lebensgemeinschaften Rücksicht zu nehmen. Er lebt nicht von ihren Überschüssen, sondern von ihrer Substanz: Die Zinsen, die ihm die Natur bot, genügten ihm nicht, er räuberte und räubert auch heute noch das Kapital.

Seit Beginn dieses Jahrhunderts betrugen der Landschwund und die Einbuße an land- und forstwirtschaftlicher Fläche in Westdeutschland 2,8 Millionen Hektar. Bis zum Jahre 1975 wird mit dem Verlust einer knappen weiteren Million Hektar Natur gerechnet (H. Weinzierl).

Heute gehen täglich 110 Hektar Grund und Boden für Städtebau, Straßenbau und Industrialisierung verloren. Der natürliche Lebensraum wird stets irreparabel und unwiederbringlich verbraucht.

Die unsachgemäßen Eingriffe des Menschen in die Natur führen zu deren extremen Reaktionen, wie sie besonders durch Austrocknung der Landschaft einerseits und Hochwasserkatastrophen andererseits gekennzeichnet sind.

Der Wald ist der wirkungsvollste Schutz gegen den Oberflächenabfluß und damit gegen die Erosion, er ist der beste Ausgleicher im Wasserhaushalt, da er den Anteil des Sickerwassers wesentlich erhöht und damit den Grundwasserstand anhebt, die Hochwassergefahr mindert und zur Erhöhung der Luftfeuchtigkeit und der Niederschläge beiträgt. Wo der Wald gerodet wird, sinkt der Grundwasserspiegel, treibt die Landschaft der Verkarstung zu, ist für das Gelände ein jeder Platzregen ein schmerzliches Verlustgeschäft, da der beste Boden davongetragen wird. Die Erosion greift um sich.

„Die Vernichtung der Wälder kann die fruchtbarste Landschaft in einen steinernen Friedhof verwandeln." (R. Demoll)

Würde heute der Schwarzwald kahlgeschlagen werden, müßten große Teile Mitteleuropas unter einer austrocknenden Hitze, unter kalten trockenen Winden und unter einer raschen Versteppung leiden.

Wer weite Waldgebiete vernichtet, zerstört auf die Dauer auch das Ackerland und damit die Ernährungsgrundlage des Menschen.

„Die Waldbestände sind zu schützen, um dadurch auch das Ackerland zu erhalten." (UN-Empfehlung)

Die Menschheit verarbeitet jährlich 1 Milliarde Festmeter Holz zu Papier. Eine einzige Sonntagsausgabe der „New York Times" frißt 62 Hektar Wald.

In der Bundesrepublik gehen seit 1949 jährlich 7 000 ha Waldfläche durch Abholzung und Verbauung verloren. Die Bodenerosion und damit der Verlust an Mutterboden wird durch unsachgemäße Bodennutzung, durch Beseitigung von Wallhecken und Feldgehölzen gefördert. Etwa 10 % der landwirtschaftlichen Nutzflächen der Bundesrepublik sind durch Erosion gefährdet.

„Wir Mitteleuropäer kennen keine Naturlandschaft mehr. Nirgendwo — abgesehen vom Hochgebirge — bietet sich in unserem dicht besiedelten Raum eine Gegend an, die noch wirklich unberührt vom Menschen geblieben ist." (H.-H. Vogt)

Die Menschheit hat lange gebraucht, um einzusehen, daß ein schneller Profit an der Natur nur ein verzögerter Bankrott ist.

Noch vor 3—4 000 Jahren bestand der ganze westliche Teil der Sahara aus Buschwald. Die Menschen haben ihn abgeholzt, wodurch dieses riesige Gebiet zu Wüste wurde. Vor nur 2 000 Jahren war die heutige Lybische Wüste noch fruchtbares Ackerland, die Kornkammer des römischen Imperiums.

Die einst dicht bewachsenen Zentren der alten chinesischen Kultur sind durch die Waldrodung zu weiten trockenen Erosionsgebieten geworden. Der fruchtbare gelbe Lößboden ist ein Spiel des Windes geworden und wird vom Gelben Fluß ins Gelbe Meer getragen. Der Gelbe Fluß (Hwang-Ho) transportiert jährlich 2½ Milliarden Tonnen kostbaren Lößbodens in das Meer. Auf Güterwagen verladen, entspräche diese Menge einem Zug, dessen Länge etwa 30mal um den Äquator verläuft. Schuld daran ist die rücksichtslose Entwaldung des chinesischen Lößgebietes.

Der tägliche Verlust an Ackerland in den USA beträgt 4 000 Morgen (acres); sie fließen ins Meer oder verschlammen die Talsperren. Dieser Landverlust ist eine Folge der bedenkenlosen Eingriffe in die natürliche Landschaft.

Wenn weite Teile von Mexiko nicht wieder aufgeforstet werden, wird dieses Land in spätestens 100 Jahren reine Wüste sein.

Aber auch Europa versteppt allmählich. Der Rhein trägt dem Meer jährlich 4,6 Millionen Tonnen Schlamm zu, das ist vorwiegend durch die Erosion ausgewaschener und fortgetragener, wertvoller Mutterboden. Bei starkem Hochwasser muß der Chiemsee innerhalb von zwei Tagen rund 3 Millionen Kubikmeter Schlamm aufnehmen, was einem Güterzug von München bis Ulm entspricht.

„Durch Erosion, Versteppung und Verwüstung, durch Dürreperioden und Überschwemmungen rächt sich die Natur am Menschen: auf die Dauer gesehen, ist sie immer noch mächtiger als er." (F. Osborn)

Wir ersticken im Müll

1950 wurden in der Bundesrepublik für Verpackungsmaterial über 1 Milliarde DM ausgegeben, 1970 waren es etwa 12 Milliarden DM.

Alljährlich fallen in Westdeutschland etwa 1 Million Autowracks an; 1971 werden es voraussichtlich 1,1 Millionen sein.

„Autowrack und Plastikflasche sind die Leitfossilien dieses Jahrhunderts."

1966 fielen in der Bundesrepublik an: 40 Millionen cbm Hausmüll,
13 Millionen cbm Klärschlamm,
15 Millionen cbm Industriemüll.

Im Jahre 1967 belasteten wir in der Bundesrepublik unsere Landschaft mit 200 Millionen Kubikmeter Abfallstoffen. Das entspricht einem Güterzug, der aus 3 636 363 Güterwagen besteht und knapp 35 000 km lang ist. In diesem Jahr werden es etwa 230 Millionen cbm sein (davon 5—6 Vol. % unverrottbare Kunststoffe). Von 1970 bis 1980 wird sich in der Bundesrepublik eine Menge an Müll und Abfall ansammeln, die zusammengeschüttet der Höhe und Größe des Matterhorns entspräche.

Über 90 % des Hausmülls werden in der Landschaft abgelagert, weniger als 10 % verbrannt. Rund 50 000 „wilde Müllkippen", also ungeordnete Deponien, verschandeln und verpesten unsere ohnehin schon wenigen Ausflugs- und Erholungsgebiete in den großen Ballungsgebieten der Städte. Oberflächen- und Grundwasser, Tier- und Pflanzenwelt sind stark gefährdet.

Müllplätze im herkömmlichen Sinne nehmen in Zukunft zu viel Platz weg, sind seuchenhygienische Gefahrenherde, belästigen die Bevölkerung durch Staub, Gestank und Rauch, sind Sammelplätze für Ungeziefer und Schädlinge. Durch Auslaugung der Abfallstoffe wird das Grundwasser verunreinigt oder gar vergiftet (aus 30 Millionen cbm Hausmüll können etwa 200 000 t Salze ausgelaugt werden). Innerhalb der Großstädte gibt es kaum noch geeignete Räume für Müllabladeplätze.

Verrottbare Anteile des Mülls lassen sich in Kompostwerken zu Kompost verarbeiten. Vorteile der Müllkompostierung sind die Herstellung wertvoller Komposterde und ein bedeutend geringerer Flächenbedarf als bei der Deponie. Am günstigsten ist ein Kompostwerk in Verbindung mit einer Müllverbrennungsanlage.

Müllverbrennung ist die eleganteste, aber auch teuerste Methode der Müllbeseitigung. Sie ist bisher nur für Großstädte und große Stadtgemeinschaften möglich. 1970 wurde in der Bundesrepublik in 26 Müllverbrennungsanlagen der Müll von 11,6 Millionen Einwohnern verbrannt.

Doch auch hier lauern Gefahren. Die bei der Müllverbrennung entstehenden Rauchgase enthalten neben Wasserdampf und Kohlendioxid, Schwefeldioxid und anderen Gasen auch größere Mengen Chlorwasserstoff, d. h. Salzsäuredämpfe, die beim Verglühen von PVC-Kunststoff im Hausmüll (z. B. Einwegflaschen) als Abgase frei werden. Diese Salzsäuredämpfe sind gesundheitsschädigend für den Menschen, zerstören die Gebäude und beeinträchtigen die Pflanzenwelt. In Finnland wurde daher kürzlich die Verwendung von Einweg-Flaschen verboten. Ob man sich in der Bundesrepublik auch zu einer solchen notwendigen Maßnahme durchringen kann?

"The ecological facts of life are grim. The survival of all living things — including man — depends on the integrity of the complex web of biological process which comprise the earth ecosystem. However, what man is now doing on the earth violates this fundamental requisite of human existence. For modern technologies act on the ecosystem which supports us in ways that threaten its stability; with tragic perversity we have linked much of our productive economy to precisely those features of technology which are ecologically destructive.

These powerfull, deeply entrenched relationships have locked us into a self-destructive course. If we are to break out of this suicidal track we must begin by learning the ecological facts of life." (B. Commoner)

Das biologische Gleichgewicht

Seit rund 100 Jahren hat die biologische Wissenschaft eine Vorstellung davon, daß die Tier- und Pflanzenarten, die in einem bestimmten Gebiet vorkommen, in ihrem Zahlenverhältnis und in ihren Beziehungen untereinander nichts Zufälliges sind und in ihrem Artenbestand und den quantitativen Werten nicht beliebig wechseln. Man weiß heute, daß alle natürlichen Landschaften in ihrer Organismenwelt sich in einem biologischen Gleichgewicht befinden. Wir sagen, die Organismen, Pflanzen und Tiere, bilden eine „Lebensgemeinschaft", eine Biozönose. Betrachten wir die in ihren Einzelgliedern aufeinander bezogene Organismengemeinschaft auch in ihrer Beziehung zu Boden, Klima und allen anorganischen Gegebenheiten und den Rückwirkungen zwischen Organismen und toter Umwelt, so sprechen wir von einem ökologischen System oder kurz: Ökosystem.

Solche Ökosysteme sind in allen Klimazonen der Erde und auch im Meer im Prinzip gleich aufgebaut, und es spielen sich im Grunde immer die gleichen Großvorgänge ab: Grüne Pflanzen, ob kleine Algen oder große Bäume, bilden mit Hilfe der Sonnenenergie in ihrem Blattgrün organische Substanz. Sie sind daher die eigentlichen „Produzenten", von denen alles weitere Leben in einem bestimmten Areal abhängt. Wo sie fehlen, fehlt auch die Tierwelt; denn diese Tiere zehren letzten Endes alle von den grünen Pflanzen, und wir nennen sie daher die „Konsumenten". Wir unterscheiden Konsumenten 1., 2., 3., 4. usw. Stufe. Die Konsumenten 1. Stufe sind reine Pflanzenfresser; die nächsten Stufen leben von Tieren, also räuberisch oder auch parasitisch.

Wo aber Pflanzen oder Tiere sterben und der Verwesung anheimfallen, sind sogenannte „Destruenten" am Werk, Bakterien und Pilze, welche von den Leichen leben und sie schließlich zurückführen in anorganische Substanz. Diese aber wird wieder der Ausgangsstoff für den Aufbau grüner Pflanzen.

So stehen wir also vor einem Kreislaufgeschehen, das in allen Klimazonen der Erde, zwar mit Hilfe verschiedener Tier- und Pflanzenarten, aber immer nach dem gleichen Prinzip wirksam ist.

Wer einmal dieses Geschehen in seinen Grundzügen verstanden hat, der versteht auch, mit welcher Vorsicht der Mensch vorgehen muß, will er nicht zu seinem eigenen Schaden diese ökologischen Systeme zerstören. Denn auch er lebt von ihnen. Im Grunde ist schon aller Ackerbau Störung des ursprünglichen biologischen Gleichgewichts. Im Laufe der Jahrtausende hat der Mensch aber gelernt, den Lebensgemeinschaften das, was er ihnen eben genommen hat, in Form natürlichen Düngens wieder zurückzugeben. Erst als er begonnen hat, durch künstliche Mittel, durch Insektizide und Herbizide, durch Kunstdünger, durch Verseuchung des Wassers, durch Absenken der Grundwasserspiegel, durch Luftverunreinigungen massiv und ohne Rücksicht in die Ökosysteme einzugreifen, hat er diese in großen Teilen der Erde total vernichtet oder doch aus dem Gleichgewicht gebracht.

Alle unsere zukünftigen Maßnahmen des Umweltschutzes sind im Grunde Maßnahmen der Pflege von noch vorhandenen Ökosystemen oder zum Aufbau neuer intakter Ökosysteme. Auch der Pflanzenschutz muß daher in Zukunft die Gesetze der Ökosysteme immer im Auge haben. Dummheit, Rücksichtslosigkeit und Profitgier rächen sich auf Dauer fürchterlich.

Hier seien an einigen Beispielen die Vorgänge der Regulation in der Lebensgemeinschaft aufgezeigt, wie sie sich unter natürlichen Bedingungen auf Grund der besonderen Eigenschaften der einzelnen Pflanzen- und Tierarten abspielen. Selbsttätige Regulation führt — natürliche Bedingungen vorausgesetzt — zur Wiederherstellung des Gleichgewichts in der Lebens-

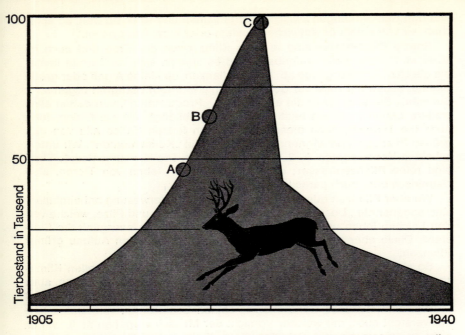

Natürliche Schwankungen in der Bestandsstärke einer Population des amerikanischen Maultierhirsches (Odocoileus hemionus) im Verlauf von 35 Jahren (1905–1940). Bedeutung der Punkte A, B und C vgl. Text. (Nach Lack 1954.)

gemeinschaft. Falsche Maßnahmen aber machen die Ökosysteme krank, sie kommen nicht mehr ins Gleichgewicht.

Natürliche Regulation eines Tierbestandes durch das Nahrungsangebot:

Im Jahre 1905 stellte man den amerikanischen Maultierhirsch (Odocoileus hemionus) im Gebiet des Kaibab-Plateaus in Arizona unter Jagdschutz, um ihn vor dem Aussterben zu retten. In den folgenden Jahren führten das Fehlen von Feinden und das reichliche Angebot von Pflanzennahrung zu extrem starker Vermehrung dieser Art. Nach etwa zwanzig Jahren hatte sich die Population um das 25-fache vermehrt, fiel in weiteren fünfzehn Jahren jedoch plötzlich auf das 2½-fache der ursprünglichen Bestandsdichte zurück. Welches waren die Ursachen?

Mit dem erheblichen Bevölkerungszuwachs bei den Hirschen konnte sich nach zunehmender Beweidung die natürliche Vegetation nicht rasch genug regenerieren; es kam (A) zu Flurschäden. Mit abnehmender Nahrung

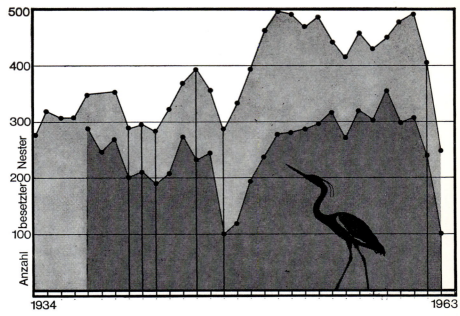

Natürliche Populationsschwankungen beim Fischreiher (Ardea cinerea) während einer 30jährigen Beobachtungszeit in England. Sehr kalte Winter (senkrechte Linien) bewirken stets einen merklichen Rückgang in der Anzahl besetzter Nester (Minima der Kurven). Der Vergleich von zwei lokal weit getrennten englischen Fischreiher-Populationen zeigt die allgemeine Übereinstimmung der Schwankungen in der Besatzdichte. (Nach Lack 1967.)

verhungerten die ersten Hirschkälber (B). Die eingetretene Nahrungskalamität erhöhte (C) die Sterblichkeitsquote um ein Vielfaches der normalen Ausfälle. Erst die krasse Reduktion der Individuenzahl führte zum Gleichgewicht zwischen der Bestandstärke der Tierart und einer ausreichenden Ernährungsgrundlage.

Natürliche Regulation eines Tierbestandes durch Wetterbedingungen:

Eine in England über den Zeitraum von 30 Jahren durchgeführte Registrierung der Besatzdichte des Fischreihers (Ardea cinerea) an verschiedenen Flüssen zeigt deutlich den negativen Einfluß strenger Winter. Das zahlenmäßige Gleichgewicht pendelte sich jedoch in wärmeren Jahren stets wieder ein.

Häufigkeitsschwankungen im Populationsbestand des Fichtenkreuzschnabels (Loxia curvirostra) in Abhängigkeit vom speziellen Nahrungsangebot. Die senkrechten Balken geben die relative Zapfengröße an, die Kurve zeigt das dadurch bedingte Auftreten brütender Kreuzschnäbel. Senkrechte Achse: Anzahl brütender Paare. (Nach Lack 1967.)

Nahrungsspezialisten und Futterquellen:

Viele Tiere sind in ihren Nahrungsansprüchen auf ganz bestimmte Nahrungsquellen angewiesen. Solche Spezialisten mit scharf umgrenzten Nahrungsbereichen nennen wir Monophage. Nahrungsspezialisten finden sich besonders bei den Insekten (z. B. Horn- und Wachsfressern), daneben aber auch bei Wirbeltieren. Unter den Vögeln zeigt der Fichtenkreuzschnabel (Loxia curvirostra) eine besondere Vorliebe für den Samen von Nadelbäumen. Jahrelange Beobachtungen in einem Waldgebiet Finnlands haben ergeben, daß der Vogel immer dann gehäuft anzutreffen war, wenn die Fichten stark fruchteten und besonders große Zapfen ausgebildet hatten. Die Anzahl brütender Paare war korreliert mit der Größe der Fuchtstände.

Räuber-Beute-Verhältnis:

Ein Sonderfall in der Zoophagie (Tiere als Nahrungsmittel) ist die räuberische Lebensweise (Episitismus). Der Räuber ernährt sich von anderen

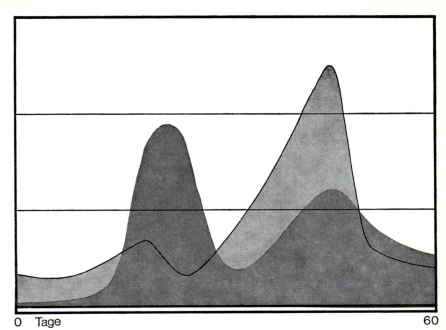

0 Tage   60

Allmähliche Einstellung eines natürlichen Gleichgewichts zwischen einer räuberisch lebenden Milben-Art (dunkelgraue Zone) und ihrem Beutetier, ebenfalls einer Milbe (hellgraue Zone der Kurve). Waagrechte Achse: Beobachtungszeit in Tagen, senkrechte Achse: Anzahl der Tiere.

lebenden Organismen, die er auf verschiedenste Weise verfolgt, erbeutet und tötet. Mit der dadurch herbeigeführten Bestandsminderung der Beuteart steigt gewöhnlich die Individuendichte bei der Verfolgerart verhältnismäßig stärker an; es kommt zu Bevölkerungsschwankungen, die sich jedoch im gesunden Ökosystem auf einen Mittelwert der Populationsdichte beider Arten einreguliert.

Bei Milben konnten diese Räuber-Beute-Beziehungen auch experimentell nachgeprüft werden. Die Beuteart, eine Milbe (Aleuroglyphus agilis), und ihr Jäger, die sehr bewegliche Raubmilbe Cheyletus stehen anfangs in einem ausgewogenen Verhältnis ihrer Individuenzahl zueinander. Nach etwa drei Wochen sinkt die Zahl der Beutetiere zunächst stark ab, während sich die räuberische Art erheblich vermehrt. Die Minderung im Nahrungsangebot des Räubers führt jedoch bald darauf auch bei ihm zu einem Rückgang seiner Bestandsdichte, wobei sich die Beuteart ihrerseits nun wieder rasch vermehrt.

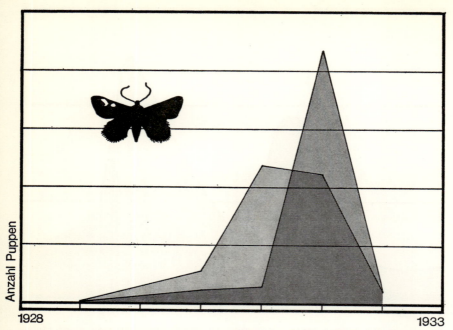

Entwicklung eines Balance-Zustandes zwischen der Schmarotzerfliege Ernestia rudis (heller Kurvenbereich) und der Wirtsart, dem Schmetterling Panolis flammea. (Nach Göpfert.)

Der oben geschilderte natürliche Ausgleich zwischen Verfolger und Verfolgtem führt in keinem Fall, auch nicht bei Wiederholung dieses Vorgangs, zur Ausrottung des Beutetiers.

Schmarotzer-Wirt-Beziehung:

Im Gegensatz zum Räuber, dem gewöhnlich mehrere Beutearten zur Verfügung stehen, ist der Schmarotzer (Parasit) in den meisten Fällen auf **einen** lebenden Wirt angewiesen (obligatorischer Parasitismus). Aufgrund dieser direkten Abhängigkeit ist der Wirt vor einem unmittelbaren Abtöten zunächst geschützt, wird aber auf die Dauer durch den Schmarotzer mehr oder weniger stark geschädigt und in seiner Fortpflanzung behindert. Möglichen Massenvermehrungen der Parasiten auf Kosten ihrer Wirte können diese jedoch vielfach mit speziellen Abwehrreaktionen entgegenwirken und somit ein Gleichgewicht der Beziehungen herstellen. Im umgekehrten Fall kann die natürliche Regelung der Schmarotzer-Wirt-Beziehung für den Menschen bei der Bekämpfung wirtschaftlich wichtiger, tierischer Schädlinge große Bedeutung erlangen und ist heute Bestandteil der sogenannten biologischen Schädlingsbekämpfung.

Am Beispiel der Forleule (Panolis flammea) läßt sich verfolgen, wie einer Massenvermehrung dieser an Waldbäumen sehr schädlichen Schmetterlingsart durch ihren Parasiten, der Schmarotzerfliege (Ernestia rudis), in wenigen Jahren Einhalt geboten wird.

Monokulturen und Schädlinge

Einheitliche, auf ganz bestimmte Pflanzensorten bezogene Anbauformen bezeichnet man als Monokulturen. Die für die einzelnen Klimagebiete unterschiedlichen Methoden des Anbaues pflanzlicher Nahrung in großen Mengen sind die Voraussetzung für die Seßhaftigkeit und das Anwachsen der Menschheitsbevölkerung.

Die ständige landwirtschaftliche Nutzung urbar gemachten Ödlandes hing neben der Vervollkommnung der Bodenbearbeitungs- und Düngungsmethoden weitgehend von der Herauszüchtung ertragreicher Nutzpflanzenarten aus deren Wildformen ab. Beispiele dafür liefern die heutigen Getreide- und Obstsorten, Hackfrüchte, Öl- und Gemüsepflanzen, aber auch weitere, anderen Zwecken als der Ernährung dienende Kulturpflanzen, wie Hölzer, Gummi-, Arznei-, Drogen- und Genußmittelpflanzen sowie Blumen.

Die Spezialisierung auf Monokulturen zog eine lange Kette tierischer Konsumenten und pflanzlicher Parasiten nach sich, denen sich damit vorher nie vorhandene Nahrungsmengen geradezu paradiesisch darboten. Waren diese Konsumenten ursprünglich nur für vereinzelte Wildpflanzen schädlich, so konnten sie nun in Kulturpflanzungen durch gewaltige Steigerung ihres Vermehrungspotentials verheerende Zerstörungen anrichten und bisweilen die Ernte völlig vernichten.

Es sind zahlreiche Insektenarten bekannt, die sich in historischer Zeit von zunächst harmlosen Wildpflanzenfressern zu gefürchteten Massenvertilgern im Kulturpflanzen-Anbau entwickelt haben. Zu ihnen gehört der Kartoffelkäfer (Leptinotarsa decemlineata). Aus seiner mexikanischen Urheimat, wo er auf wilden Nachtschattengewächsen (z. B. Solanum rostratum) lebte, gelangte er mit dem Vordringen des Kartoffel-Anbaus (die Kartoffel, Solanum tuberosum, gehört zu den Nachtschatten-Arten) rasch nach Europa und ist heute bereits in der Türkei zu finden.

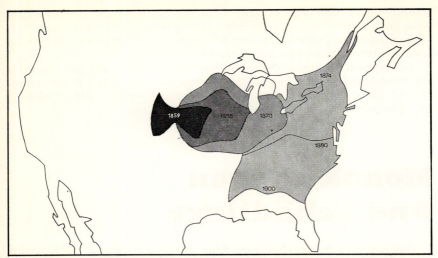

Vordringen des Kartoffelkäfers (Leptinotarsa decemlineata) von Nordamerika nach Europa.

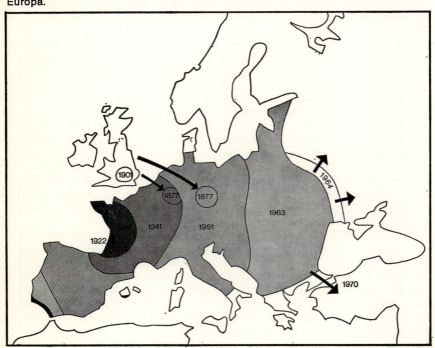

Der Siegeszug des Kartoffel- oder Colorado-Käfers (Leptinotarsa decemlineata):

Urheimat:	US-Staat Colorado und Neu-Mexiko
1859:	im US-Staat Nebraska
1865:	am Mississippi
1874:	an der amerikanischen Atlantikküste
1875:	in Deutschland und anderen europäischen Ländern werden Einfuhrverbote für Kartoffeln aus den USA erlassen
1876:	Kartoffelkäfer auf Schiffen, die aus den USA kamen, in Deutschland, England und Holland beobachtet
1877:	erstmals Funde auf deutschen Kartoffelfeldern, z. B. in Mühlheim am Rhein, Schildau bei Torgau, Probsthain und Reichenbach in Sachsen
1887:	in Mahlitzsch bei Dommitzsch (Torgau) und Lohe bei Meppen/Hann.
1901:	in Tilbury bei London
1914:	in Stade an der Unterelbe
1936:	Gründung eines internationalen Komitees zur Bekämpfung des Kartoffelkäfers
1939:	Funde in Lüneburg, Belgien, Luxemburg, Niederlande, Schweiz und Spanien
1944:	in Brandenburg
1946:	in Polen
1947:	in Ungarn, Tschechoslowakei, Jugoslawien
1948:	Oder-Neiße-Linie in Deutschland
1963:	in der UdSSR bis zum Dnepr
1971:	Türkei, Schwarzes Meer

Bei Massenauftreten des Kartoffelkäfers kommt es zu völligem Kahlfraß der Äcker und Ausfall der Ernte.

Weitere Beispiele für Monokulturen und ihre pflanzlichen und tierischen Schädlinge bzw. Krankheiten:

Weizen:	Weizensteinbrand, Weizenflugbrand, Weizengallmücken
Hafer:	Haferflugbrand, Braunfleckigkeit
Gerste:	Gerstenhartbrand, Gerstenflugbrand, Streifenkrankheit
Roggen:	Schneeschimmel
Reis:	Reiswanzen, Reisstengelbohrer, Reisblasenfuß, Reis-Zikade, Reisköcherraupe, Reisminierfliege, Brusone-Krankheit
Mais:	Maiszünsler, Maisbeulenbrand, Maisblattlaus
Kartoffel:	Kraut- und Knollenfäule, Virosen, Wurzeltöterkrankheit, Wurzelbrand, Kartoffelkäfer
Rüben:	Wurzelbrand, Blattfleckenkrankheit, Yellow-Krankheit, Rübenfliege, Rübenblattwespe, Rübenaaskäfer, Rüsselkäfer
Ölfrüchte:	Rapsglanzkäfer, Schotenrüßler
Oliven:	Olivenfliege, Olivenmotte, Ölbaumborkenkäfer
Gemüse:	Brennfleckenkrankheit, Braunfäule, Blattläuse, Kohlweißlinge, Zwiebelfliege, Erbsen- und Bohnenkäfer
Obst:	Schorf, Mehltau, Kräuselkrankheit, Spinnmilben, Sägewespen, Blattläuse, Schildläuse, Blütenstecher, Rüßler, Wickler, Spanner, Miniermotten, Fruchtfliegen

Bananen:	Bananenbohrer, Bananenfruchtfliege, Bananenfleckenkrankheit
Zitrusfrüchte:	Mittelmeer-Fruchtfliege, Orangenwickler, Zitronenschildlaus, Zitrus-Spinnmilben, Zitrusknospenmilbe
Wein:	Perenospora, Roter Brenner, Echter Mehltau, Grauschimmel (Botrytis), Wickler-Arten, Blattläuse, Milben, Reblaus, Sauerwurm
Hopfen:	Hopfenblattlaus, Hopfenerdfloh
Baumwolle:	Baumwollkapselkäfer, Ägyptischer Baumwollwurm, Graue Baumwollwanze, Baumwollbakteriose, Baumwollwelke
Kaffee:	Kaffeekirschkäfer, Kaffeezünsler, Kaffeemotte, Kaffeewanze, Kaffeerost
Tee:	Rote Teemilbe, Teewickler, Blasenkrankheit des Tees
Kakao:	Kakaothrips, Heliopeltis-Larven, Kakaorindenwanze, Kakaomotte, Kakaobraunfäule, Silberdrahtkrankheit
Tabak:	Tabakerdfloh, Tabakblasenfuß, Tabak-Bakterienbrand, Tabakfußfäule

„Im modernen Erzeugungsprozeß müßte vor allem eine viel sorgfältigere Standortwahl erfolgen, der Trend zur Monokultur gebremst und durch krankheits- oder schädlingsverhütende Fruchtfolgen ersetzt werden. Eine angemessene Humuszufuhr, z. B. durch einen guten Müllkompost, wäre dabei ebenso wichtig wie eine Beschränkung in der Stickstoffdüngung, vor allem in leicht aufnehmbarer Form.

Damit würde zwar der chemische Pflanzenschutz keineswegs überflüssig, aber in bescheidene Grenzen verwiesen werden. Auf persistente toxische Mittel wie DDT, Aldrin, Dieldrin, Endrin, Heptachlor und Chlordan sollte gänzlich verzichtet werden. Die Gesunderhaltung von Mensch und Tier, vor allem unserer Kinder, dürfte diese Maßnahmen rechtfertigen." (W. Schuphan)

Probleme der Schädlingsbekämpfung

Pestizide und Ökosystem

Die Anwendung der meisten chemischen Stoffe zur Vernichtung der Schädlinge hat eine tiefgreifende Veränderung des biologischen Gleichgewichts der behandelten Gebiete zur Folge. Es werden nicht nur die Schadinsekten selbst, sondern auch Nutzinsekten ausgemerzt. Außerdem fallen viele insektenfressende Vögel und sogar Säugetiere dieser Aktion zum Opfer.

Folgeerscheinungen: Anfangs großer Erfolg im Kurzhalten der Schädlinge, deutliche Ertragssteigerung. Bald aber Aufkommen der gleichen Schädlinge trotz weiterer Anwendung der Bekämpfungsmittel: Es haben sich giftfeste Stämme gebildet. Die Anzahl der Schädlinge wird größer als zuvor. Auch die Anwendung neuer Gifte wirkt nur kurzzeitig. Die Schadenskatastrophe ist schließlich ärger als am Anfang. Die Kosten für die Pestizide erhöhen sich, gleichzeitig verringert sich der Verdienst durch die verminderte Ernte.

Bekämpfung von Baumwollschädlingen im Canete-Tal in Peru:

1949:	Erste Anwendung von DDT, BHC und Toxaphen.
1950—1954:	Großer Erfolg. Ertragssteigerung an Baumwolle von 494 kg/ha auf 728 kg/ha. Erhöhte Anwendung von Schädlingsbekämpfungsmitteln.
1952:	BHC verliert seine Wirksamkeit gegen Blattläuse (Aphis-Arten).
1954:	Toxaphen verliert seine Wirksamkeit gegen den Cotton-Worm.
1955:	Massenauftreten des Baumwollkapselkäfers (Anthomus grandis).
1956:	Baumwollkapselwurm (Heliothis virescens) zeigt DDT-Resistenz und vermehrt sich stark. Sechs neue Schädlinge treten auf.
1955—1956:	Trotz intensiver Anwendung von chemischen Bekämpfungsmitteln Ertragsrückgang an Baumwolle auf 332 kg/ha, also bedeutend weniger als zu Beginn der Bekämpfungsaktion.
1956:	Zusätzliche Schädlingsbekämpfung mit Phosphorverbindungen.
1957:	Umstellung auf ein integriertes Verfahren: Begrenzte und rein lokale Pestizid-Anwendung nach ökologischen Gesichtspunkten und Anwendung der biologischen Bekämpfung mit Hilfe der natürlichen Feinde der Baumwollschädlinge; sie werden zwar auch durch dieses Verfahren nicht völlig ausgemerzt, doch sind seitdem die Ergebnisse erheblich günstiger als zur Zeit der ausschließlichen Insektizid-Anwendung.

Ein weiteres Beispiel chemischer und biologischer Schädlingsbekämpfung: Kakao-Plantagen in Nord-Borneo.

1956:	wurden im Staate Sabah auf Nord-Borneo Kakao-Plantagen angelegt. Der Boden wurde durch Rodung des Urwalds gewonnen.
1957—1958:	Erstes Massenauftreten von Schadinsekten: Der Ringborkenbohrer Endoclita hosei (Hepialidae) und zwei Zweigbohrer-Arten der Gattung Zeuzera (Cossidae). 20 % der jungen Kakao-Pflanzen starben ab.
1959:	Beginn der Schädlingsbekämpfung mit hohen Konzentrationen von DDT und Dieldrin. Gleichzeitig erstes Auftreten weiterer Schadinsekten: blattfressende Käfer, Blattläuse und Blattwanzen.
1960:	erfolgte eine starke und häufige Anwendung der chemischen Bekämpfungsmittel Dieldrin, Endrin, DDT, BHC, Bleiarsenat und Weißöl.
1961:	Massenauftreten der Zweigbohrer, blattfressender Käfer, Schmetterlinge wie Hyposidra talaca und Setora nitens sowie des „plant hoppers" Colobesthes falcata, außerdem von Gespinstmotten der Gattungen Clania und Mahasena als neuen Schädlingen. Alle Schadinsekten traten in riesigen Mengen auf und bewirkten beträchtliche Schäden an den Kakao-Plantagen. Zahlreiche Kakao-Bäume starben ab. Die chemische Bekämpfung wurde fortgesetzt, brachte aber keine bemerkenswerte Besserung der Situation. Nur der Schmetterling Setora nitens verschwand.
1962:	Chemische Insektenbekämpfungsmittel wurden nicht mehr angewendet. Gründe: a) Das Massenauftreten von Schadinsekten erfolgte nach Einführung einer intensiven chemischen Schädlingsbekämpfung. b) Die zahlreichen, weniger geschützten Nutzinsekten wurden vernichtet und konnten die Schadinsekten nicht bekämpfen.

Folgen:
Nach wenigen Wochen tritt eine Schlupfwespe der Gattung Apanteles auf, ein Feind des Schmetterlings Hyposidra talaca. Im Mai kamen nur noch wenige Exemplare dieses blattfressenden Schädlings vor. Der „plant hopper" Colobesthes falcata, der zuvor zu Milliarden auftrat, nahm ab April rasch ab und war im August nahezu verschwunden. Parasitische Pilze hatten diese Schadinsekten befallen und zum Absterben gebracht. Die Zweigbohrer kamen im ersten halben Jahr noch häufig vor und verursachten beträchtliche Schäden. Ab August 1962 nahm ihre Zahl ab. Sie wurden von den Larven der Schlupfwespen dezimiert; bis zum Ende des Jahres waren die Zweigbohrer nahezu verschwunden.

Der Ringborkenbohrer wurde durch selektive Injektionen mit Dieldrin sowie durch Fällen der Wirtsbäume (Trema cannabina) bekämpft.

Die Gespinstmotten wurden ebenfalls selektiv mit Trichlorfon (Dipterex) und mit Präparaten des Bakteriums Bacillus thuringiensis behandelt.

1963: Keinerlei chemische oder anderweitige künstliche Schädlingsbekämpfung war notwendig. Gespinstmotten wurden auf natürlichem Wege durch Schmarotzerfliegen bekämpft.

Ab 1963: Chemische Bekämpfung entfiel völlig: Es gab kein Massenauftreten von Schädlingen; sie kamen zwar in geringer Menge vor, der Schaden aber war unbedeutend: Sie wurden durch ihre natürlichen Feinde bekämpft.

Erbliche Giftfestigkeit

Ursprünglich glaubte man, mit chemischen Insektiziden bestimmte Schadinsekten völlig ausrotten zu können. Doch diese Ansicht hat sich als Fehlspekulation erwiesen.

Viele Insekten, aber auch Ratten und bestimmte Unkräuter entwickeln neue Stämme, die eine erbliche Giftfestigkeit besitzen.

Beispiel: 10 000 Fliegen werden mit DDT besprüht. Es sterben 9 998 Tiere, zwei bleiben am Leben.

Diese beiden Fliegen, ein Männchen und ein Weibchen, überstehen die Sprühaktion, weil sie giftfest sind. Diese Eigenschaft ist erblich.

Die beiden Fliegen pflanzen sich fort; nach einigen Generationen sind es wieder 10 000 Tiere. Sie sind alle giftfest, denn diese Eigenschaft haben sie von ihren Stammeltern übernommen. Eine Sprühaktion mit DDT bei gleicher Menge und Konzentration erweist sich als völlig wirkungslos.

Bisher sind 180 Insektenarten gegen die verschiedensten Vertilgungsmittel erblich giftresistent geworden, davon vor allem die gefährlichen Schadinsekten.

Biologische Schädlingsbekämpfung

Biologische Bekämpfung von Schädlingen bedeutet „eine Verwendung von Lebewesen zur aktiven Begrenzung der Populationsdichte schädlicher Tiere oder Pflanzen". (J. M. Franz)

Generation	Natürliche Schädlings-Population	Sterile Population	Nachkommen
P	1000	+2000 =	333
F_1	333	+2000 =	48
F_2	48	+2000 =	1
F_3	1	+2000 =	0

Ausrottung einer Schädlingspopulation, wenn diese von ausgesetzten Tieren der gleichen Art um das Doppelte übertroffen wird. (Nach Knipling 1963.)

In der Praxis haben sich drei Bekämpfungsmethoden bewährt:

1. Einsatz räuberischer Feinde oder Parasiten der Schädlinge.

Die San-José-Schildlaus (Aspidiotus perniciosus) ist ein gefürchteter Obstschädling. In Baden-Württemberg konnte durch die Einbürgerung eines Schildlausparasiten, der Schlupfwespe Prospaltella perniciosi, ein merklicher Rückgang im Auftreten des Obstschädlings erzielt werden.

2. Behandlung gefährdeter Pflanzenkulturen mit insektenfeindlichen Bakterien und Viren.

Seit längerer Zeit wird versucht, Schadinsekten mit ganz spezifisch auf sie einwirkenden Krankheitserregern zu bekämpfen. Außer Bakterien (Bacillus thuringiensis) werden besonders Viren eingesetzt.

3. Die Selbstvernichtungsmethode.

Eine vielversprechende Möglichkeit, Schadinsekten von Pflanzen sowie Schädlinge oder Lästlinge von Haustier und Mensch wirksam auszuschalten, ist ihre Selbstvernichtung (Autizid-Verfahren).

Durch künstliche Massenvermehrung erzeugte Schädlinge werden radioaktiv bestrahlt und dadurch unfruchtbar gemacht, ohne daß sich ihr natürliches Verhalten und der Geschlechtstrieb ändern; ähnlich wirken bestimmte chemische Substanzen (Chemosterilisantien).

Bringt man die sterilisierten Tiere mit der arteigenen Freiland-Population zusammen, so ergibt sich aus den Paarungen keine Nachkommenschaft: Die Weibchen legen unfruchtbare Eier ab.

Auf diese Weise wird bei wiederholtem Einsatz steriler Tiere die schädliche Art im Laufe ihrer Generationenfolge immer stärker dezimiert und schließlich ausgerottet.

Beispiel Schraubenwurmfliege:
Ein voller Erfolg war die Bekämpfung der als Vieh- und Wildschädling in den USA, Mittel- und Südamerika auftretenden Schraubenwurmfliege (Cochliomyia hominivorax) mit Hilfe der Selbstvernichtungsmethode.

Die Larven dieser Fliege erzeugen große Hautwunden und zerstören bei starkem Befall so viel Gewebe, daß die Wirtstiere unter großen Qualen zugrunde gehen.

Für die Viehwirtschaft im Südosten der USA bedeutete dies einen jährlichen Verlust von 20 Millionen Dollar (= 80 Millionen DM).

Nachdem man die Schraubenwurmfliege in einer Großaktion auf der Antillen-Insel Curaçao völlig ausgerottet hatte, konnte sie auch im Südosten der Vereinigten Staaten in nur 1½ Jahren bei wöchentlicher Freilassung von 50 Millionen sterilisierter Tiere beider Geschlechter total ausgemerzt werden.

Natürliche Bekämpfung von Nasenbremsen
Nasenbremsen (Oestrus ovis) legen ihre Eier in den Nasenraum von Schafen und anderen Huftieren. Die Larven dieser Schmarotzerfliegen zerfressen den Nasen-Rachenraum der befallenen Säugetiere, die unter großen Qualen zugrunde gehen.

In manchen tropischen Gebieten kommt es durch die Nasenbremsen zu großen Ausfällen unter den Weidetieren und entsprechend hohen finanziellen Einbußen für den Viehzüchter.

In den USA verursachten die Nasenbremsen unter den Viehbeständen, besonders den Schafen, einen jährlichen Verlust von 40 Millionen Dollar (= 160 Millionen DM).

Dem Insektenspezialisten E. F. Knipling beim US-Landwirtschaftsministerium gelang es, durch Großeinsatz künstlich sterilisierter männlicher Nasenbremsen dieser Plage Herr zu werden. Nach wenigen Jahren war die Schmarotzerfliege im ganzen Süden der Vereinigten Staaten praktisch ausgerottet.

Integrierter Pflanzenschutz

Das Verfahren der Zukunft ist die „integrierte Schädlingsbekämpfung". Chemische Insektizide werden nur dort und sehr begrenzt eingesetzt, wo es zur Verhütung wirtschaftlicher Schäden unbedingt erforderlich ist. Diese Insektizide sollten selektiv wirken, also nur die betreffenden Schadinsekten töten und rasch wieder abgebaut werden.
Hinzu kommen:
Abschaffung eines Termin-Spritzplanes,

Fruchtwechsel beim Pflanzenanbau,
Beachtung des Warndienstes der zuständigen Pflanzenschutzämter,
Zucht schädlingsresistenter Pflanzensorten,
Einsatz natürlicher Feinde von Schadinsekten, einschließlich der Krankheitserreger,
Anwendung von Hormonpräparaten, die die Entwicklung der Schädlinge unterbinden,
Anwendung spezifischer Lockstoffe (Pheromone),
Großeinsatz sterilisierter Männchen oder Weibchen einer Schadinsekten-Population zum Zwecke ihrer Selbstvernichtung.

Durch das integrierte Verfahren werden die Schadinsekten kurzgehalten und höhere Reinerträge bei der Ernte erzielt, ohne daß sich in der Umwelt Gifte anreichern, andere Tiere und der Mensch gefährdet werden und das biologische Gleichgewicht zerstört wird.

Pestizide – Pflanzenschutzmittel

Pestizide sind chemische Kampfstoffe zur Vertilgung von Schädlingen; der allgemeine Name „Biozide" bedeutet Lebenstöter.

Man unterscheidet:
Insektizide = Insektenvernichtungsmittel,
Herbizide = Unkrautvertilger,
Fungizide = Pilztöter,
ferner andere Präparate, die Nagetiere, Vögel, Fische, Milben, Schnecken und Fadenwürmer (Nematoden) vernichten.

Die jährliche Weltproduktion an Pestiziden beträgt etwa 1 200 000 t, die Produktion in der Bundesrepublik 142 000 t, in den USA über 400 000 t. Der jährliche Gesamtverbrauch an Pestiziden beträgt in der Bundesrepublik über 50 000 t.

Die wichtigsten Insektenvertilgungsmittel sind:
Chlorierte Kohlenwasserstoffe (u. a. DDT)
und
Organische Phosphorverbindungen (u. a. E 605 und DDVP).

Chlorierte Kohlenwasserstoffe

Diese Stoffgruppe umfaßt eine große Zahl von chemischen Verbindungen unterschiedlicher Struktur, bei denen eines oder mehrere Wasserstoff-Atome durch Chlor-Atome ersetzt sind. Fast allen Verbindungen gemeinsam ist die Unlöslichkeit in Wasser und die gute Löslichkeit in Fetten, Ölen und organischen Lösungsmitteln. Ihre praktische Verwendung als Schädlingsbekämpfungsmittel umfaßt einen großen Anwendungsbereich: Man setzt sie gegen gefährliche Fadenwürmer, Insekten, Milben, Nagetiere und Pilze ein. Auf den tierischen Organismus wirken sie als starke Nervengifte. Die wichtigsten unter ihnen sind:

Aldrin = 1,2,3,4,10,10-Hexachlor-1,4,4a,5,8,8a-hexahydro [1,4,5,8-bis-(endo-exo)-methylen]-naphthalin
BHC = 1,2,3,4,5,6-Hexachlorcyclohexan-Isomerengemisch = HCH
Chlordan = 1,2,4,5,6,7,8,8-Octachlor-4,7-endo-methylen-3a,4,7,7a-tetrahydroinden
DDD = 2,2-Bis-(p-chlorphenyl)-1,1-dichloräthan
DDE = 1,1-Di-(p-chlorphenyl)-2,2-dichloräthan
DDT = 1,1,1-Trichlor-2,2-bis-(4-chlorphenyl)-äthan = Dichlordiphenyltrichloräthan
Dieldrin = 1,2,3,4,10,10-Hexachlor-6,7-epoxy-1,4,4a,5,6,7,8,8a-octahydro-[1,4,5,8-bis-(endo-exo)-methylen]-naphthalin

DDT- und PCB-Gehalt verschiedener Tiere der Nord- und Ostsee. Zahl im Kreis: DDT-Gehalt, freistehende Zahl: PCB-Gehalt, jeweils in ppm-Werten angegeben. Tiere der Nordsee (von oben nach unten): Dornhai, Scholle, Seehund, Auster. Tiere der Ostsee (von oben nach unten): Lachs, Dorsch, Hering, Auster, Seehund. (Nach Angaben des Naturhistorischen Reichsmuseums, Stockholm.)

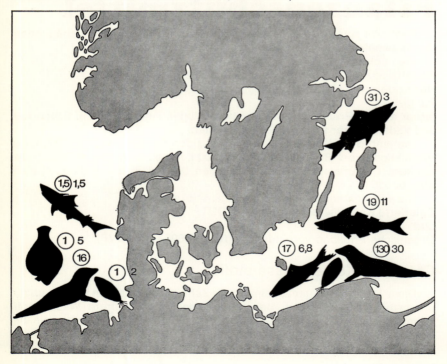

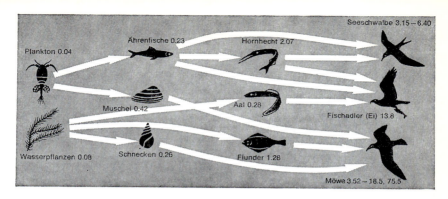

Anreicherung des DDT in einer Nahrungskette vom Plankton zum Wasservogel, in ppm-Werten angegeben. (Nach Woodwell, stark vereinfacht.)

Endrin   = 1,2,3,4,10,10-Hexachlor-6,7-epoxy-1,4,4a,5,6,7,8,8a-octahydro-exo-1,4-exo-5,8-dimethannaphthalin
Heptachlor = 1,4,5,6,7,8,8-Heptachlor-3a,4,7,7a-tetrahydro-4,7-endo-methaninden
Lindan   = Gamma-Hexachlorcyclohexan = Gamma-BHC
Thiodan   = 6,7,8,9,10,10-Hexachlor-1,5,5a,6,9a-hexahydro-6,9-methan-2,4,3-benzoidoxathiepin-3-oxyd = Endosulfan

Sie gelangen als Stäube-, Spritz- und Nebelmittel zur Anwendung. In ihrer Wirkung sind sie unspezifisch, d. h. sie töten nicht nur die Schadinsekten, sondern zugleich die für die Land- und Forstwirtschaft sehr wichtigen Nutzinsekten (z. B. Bienen, Ameisen, Florfliegen, Marienkäfer und Schlupfwespen). Die Chlorkohlenwasserstoffe sind auch für Warmblüter akut gefährlich und rufen chronische Vergiftungen hervor.

Die meisten Kohlenwasserstoffe haben eine lange Lebensdauer und werden nur langsam abgebaut: DDT verbleibt bis zu 30 Jahre, Dieldrin bis zu 25 und Lindan bis zu 10 Jahre im Boden.

DDT und einige verwandte Pestizide sind heute weltweit verbreitet: Auch in der Antarktis findet man diese Gifte, Tausende von Kilometern vom Ort der Anwendung entfernt. Amerikanische Wissenschaftler fanden in antarktischen Fischen, Adèlie-Pinguinen, Weddel-Robben und Raubmöwen bis zu 2,8 ppm (Teile pro Million) DDE bzw. DDT.

Auch die Muscheln, Fische, Vögel und Seehunde der Nord- und Ostsee weisen deutliche DDT- und PCB-Anreicherungen in ihrem Körper auf.

Nahrungskette

DDT und die anderen Chlorkohlenwasserstoffe gelangen beim Versprühen in die Luft und durch den Regen leicht ins Wasser. Dort werden diese Gifte vom pflanzlichen und tierischen Plankton aufgenommen und gespeichert, ohne daß diese daran sterben. Mit der Nahrungskette wird das Gift von Lebewesen zu Lebewesen weitergegeben; innerhalb der Kette kommt es dabei zu einer „Akkumulation" (d. h. Anreicherung) des Giftes.

Beispiel:

Kleinkrebs	0,04 ppm (Milligramm pro Kilogramm Körpergewicht)
Kleinfisch	0,23 ppm
Raubfisch	2,07 ppm
Seeschwalbe	3,15 — 6,40 ppm
Möwe	3,50 — 18,50 ppm (gelegentlich noch höher)
Fischadler	13,80 ppm
Kormoran	26,40 ppm

Vergiftung eines Sees

Der See Clear Lake liegt in Kalifornien (USA). Er ist berühmt für seine Fische und beliebt als Ausflugsziel, doch bevölkern kleine Mücken (Gnitzen) den See und stören die menschlichen Besucher.

Welches waren die Folgen der Bekämpfung der Gnitzen durch Chlorkohlenwasserstoffe?

Vor 1949	brüteten über 1000 Zwergtaucher an diesem See.
1949	erstes Besprühen des Sees mit DDD, einem weniger giftigen Abkömmling des DDT.
1954 und 1957	waren ebenfalls Sprühaktionen.
1949, 1954 und 1957	starben zahlreiche Zwergtaucher, eine direkte Folge der Sprühaktionen.
Von 1950 bis 1961	wurden keinerlei Jungvögel aufgezogen: die Zwergtaucher waren unfruchtbar geworden.
1962	wurde ein einziger Jungvogel ausgebrütet und
1963 — 1969	gab es wiederum keine Junge.

Zwar konnte zwei Wochen nach einer Sprühaktion keinerlei DDD im Wasser mehr nachgewiesen werden; dafür hatte sich aber dieses Gift im Körper der Pflanzen und Tiere angereichert:

Mikroskopisch kleines Plankton	250-fach
verschiedene Fischarten	2 000-fach
Felchen und Welse	10 000-fach
Sonnenbarsche	12 000-fach
Zwergtaucher	80 000-fach

Opfer der DDT-Anwendung

Brandseeschwalbe (Sterna sandvicensis)

An der holländischen Küste ist die Zahl der Brutpaare von 40 000 im Jahre 1954 auf 1 200 im Jahre 1965 und danach zurückgegangen. Während

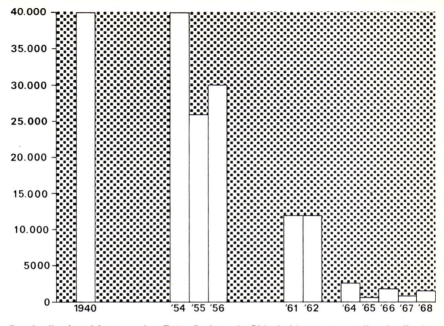

Durch die Anreicherung der Futterfische mit Chlorkohlenwasserstoffen bedingter Rückgang der Brutpaare der Brandseeschwalbe (Sterna sandvicensis) an der niederländischen Küste in der Zeit zwischen 1940 und 1968. (Aus Rivon 1968.)

der Brutzeit fand man sterbende Elterntiere, Jungvögel und Küken. Sie hatten in der Leber einen hohen Gehalt an DDT und anderen chlorierten Kohlenwasserstoffen.

Bermuda-Sturmvogel (Pterodroma cahow)
  Gehört zu den seltensten Vögeln der Welt: Es gibt nur noch 100 Exemplare auf Felseilanden bei den Bermudas. Durch die Einwirkung von DDT geht die Geburtenrate ständig zurück. 1978 wird die Fortpflanzung dieser Vögel voraussichtlich völlig zum Erliegen kommen.

Brauner Pelikan (Pelecanus occidentalis)
  Seit einigen Jahren nimmt die Zahl dieser Vögel an der kalifornischen Küste rasch ab. Durch die Einwirkung des DDT legen diese Pelikane so dünnschalige Eier, daß sie beim Brüten zerdrückt werden. Im Jahre 1969 wies eine Brutkolonie auf der Insel Anacapa bei Santa Barbara von 300 Nestern nur 12 normale Eier auf, aus denen nur 3 Küken schlüpften. 1970 war in dieser Pelikan-Kolonie sogar nur ein einziger Jungvogel das Ergebnis von 552 Brutversuchen.

Der Mensch

Durch die Nahrung, das Trinkwasser und die Atemluft nimmt der Mensch täglich Rückstände der Insektengifte auf:

Täglich mit der Nahrung durchschnittlich	100 μg	= 0,0001 g
mit dem Trinkwasser	1 μg	= 0,000001 g
mit der Luft	0,5 μg	= 0,0000005 g

Je nach dem Grad der Anwendung chlorierter Kohlenwasserstoffe weisen die Menschen verschiedener Völker einen recht unterschiedlichen Gehalt an DDT in ihren Körpern auf.

Der erwachsene Bundesbürger in Deutschland weist heute einen mittleren DDT-Gehalt von 4 ppm (mg/kg Körperfett) auf; das ergaben Analysen von menschlichem Körperfett (Operationsabfällen). Für den Amerikaner liegt dieser Wert 2½ mal höher.

Für den Menschen gefährlich?

Im menschlichen Körper reichern sich das DDT und die übrigen chlorierten Kohlenwasserstoffe hauptsächlich im Fettgewebe an. Da sie aber auch leicht in Organen mit fettähnlichen Substanzen (Lipoiden) gespeichert werden können, gelangen diese Gifte in Nervengewebe, Gehirn, Leber, Herzmuskulatur sowie in die Keimdrüsen.

Auch im Fettgehalt der Frauenmilch reichern sich das DDT und ähnliche Gifte an. In den USA und in Schweden wurden DDT-Höchstwerte in der Muttermilch festgestellt, die 70 % über dem für Nahrungsmittel zugelassenen Höchstwert lagen (vgl. auch S. 41 u. 43). Sogar das ungeborene Kind im Mutterleib weist bereits ungewöhnlich hohe Werte an giftigen Pestiziden auf.

Obwohl wissenschaftliche Tests an Versuchstieren wie Ratten den Beweis für eine drastische Erhöhung der Sterblichkeit durch Aufnahme sehr geringer DDT-Mengen erbracht haben, lassen sich dennoch diese Ergebnisse nicht ohne weiteres auf den Menschen übertragen.

Abstrahierte Darstellung des durchschnittlichen DDT-Gehalts (mg/kg Fettgehalt) im Körper der Menschen verschiedener Staaten.

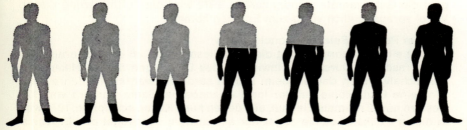

ENGLAND 2,2   BRD 2,3   FRANKREICH 5,3   USA 11   DDR 12   ISRAEL 19,2   INDIEN 12,8-31

Manche krankhaften Erscheinungen des Zentralnervensystems, bestimmte Formen von Erregungszuständen und Schlaflosigkeit sollen jedoch auf subakute DDT-Vergiftungen zurückzuführen sein.

In den USA wiesen Menschen, die an Hirntumoren, Hirnblutung, Überdruck, Lebercirrhose und verschiedenen Krebsarten starben, einen deutlich höheren DDT-Gehalt im Fettgewebe auf, als andere Verstorbene. Trotzdem ist eine krebsauslösende Wirkung der Chlorkohlenwasserstoffe beim Säugetier und Menschen bisher noch nicht mit Sicherheit bewiesen.

Nach dem Pestizid-Bericht des amerikanischen Gesundheitsministeriums (1969) haben sich bisher folgende Schädlingsbekämpfungsmittel mit Sicherheit als krebserzeugend (karzinogen) erwiesen: Aldrin, Aramite, Chlorbenzilat, DDT, Dieldrin, Heptachlor (werden alle in Verbindung mit Nahrungsmitteln angewendet), ferner Amitrol, Avadex, PCNB usw. Für eine Reihe weiterer Pestizide ist eine karzinogene Wirkung zu befürchten, aber noch nicht mit Sicherheit erwiesen, während für zahlreiche andere Mittel die bisherigen Untersuchungen noch keine positiven oder negativen Aussagen über die krebserzeugende Wirkung gestatten.

Die Kommission schlägt vor, daß die Anwendung von potentiell krebserzeugenden Pestiziden, die auf Nahrungsmitteln als Rückstände verbleiben, nur dann gestattet werden sollte, wenn

a) durch die Absetzung dieser Mittel wegen anderer Seuchen für die Öffentlichkeit noch größere Gefahren bestünden als zuvor, und

b) wenn kein nicht-karzinogenes Alternativmittel zur Verfügung steht.

Verbote und Einschränkungen im Gebrauch von Chlorkohlenwasserstoffen und anderen Verbindungen:

Zur Bekämpfung von Überträgerinsekten der Malaria und der Schlafkrankheit in den warmen Gebieten unserer Erde wird als billigstes und in großen Mengen verfügbares Mittel weiterhin DDT angewendet; 1969 verbrauchte die Weltgesundheitsorganisation (WHO) in Ostafrika allein 70 000 Tonnen dieses Giftes. Versuche der kurzfristigen Einschränkung des DDT-Verbrauchs in malariaverseuchten Gegenden hatten sofort ein Emporschnellen der Krankheitsfälle zur Folge, so daß vorläufig für die Malaria-Abwehr ein Verbot dieses chlorierten Kohlenwasserstoffes durch die WHO nicht beabsichtigt ist.

Andererseits wurden aber wegen der möglichen Gefahren bestimmter Chlorkohlenwasserstoffe für das menschliche Leben bisher folgende Verbote ausgesprochen:

DDT in Schweden, Dänemark, Ungarn, Australien und in einigen Staaten der USA. In der Bundesrepublik ist die Anwendung von DDT in der Landwirtschaft ab 15. Mai 1971 verboten; Ausnahme-Genehmigungen für den Bereich der Hygiene und der Forstwirtschaft werden allerdings erteilt. Nach Maßnahmen des Bundesgesundheitsamtes und im Einvernehmen mit der Biologischen Bundesanstalt in Braunschweig sind bei uns folgende Pflanzenschutzmittel nur noch sehr begrenzt zugelassen: Heptachlor, Aldrin im Weinbau und Endrin für die breitflächige Behandlung gegen Feldmäuse; Dieldrin und Chlordan sind verboten. Über eventuelle krebsauslösende Gefahren durch Aminotriazol-Präparate (Herbizide) wird noch diskutiert.

In den USA sind von den zuständigen Behörden Entwürfe erarbeitet worden, die eventuell in nächster Zeit zu einem vollständigen DDT-Verbot in den gesamten Vereinigten Staaten führen können.

Organische Phosphorverbindungen

Diese synthetischen Insektizide sind Abkömmlinge des Nervengases Takun (Diisopropylfluorophosphat), das während des letzten Krieges in Deutschland entwickelt wurde.

Zu den organischen Phosphorverbindungen gehören u. a.:

Azodrin = 3-Hydroxy-N-methyl-cis-crotonamino-dimethylphosphat
Chlorthion = 0,0-Dimethyl-0-(3-chlor-4-nitrophenyl)-thiophosphat
DDVP = Dimethyl-2,2-dichlorvinylphosphat = Dichlorvos
Diazinon = 0,0-Diäthyl-0-(2-isopropyl-4-methyl-6-pyrimidinyl)-thiophosphat
Malathion = S-(1,2-Dicarbäthoxyäthyl)-0,0-dimethyldithiophosphat
Mevinphos = Dimethyl-1-carbomethoxy-1-propen-2-ylphosphat
Parathion = 0,0-Diäthyl-0-p-nitrophenylthiophosphat = E 605
TEPP = Tetraäthylpyrophosphat

Sie sind Kontakt-, Fraß- und Inhalationsgifte und werden vorwiegend zur Bekämpfung von Fadenwürmern (Nematoden), Spinnmilben und Insekten eingesetzt. Sie hemmen im Körper des zu vergiftenden Tieres die Cholinesterasen, lebenswichtige Enzyme, und verhindern dadurch die Spaltung des körpereigenen Gewebehormons Acetylcholin, das eine Nerven-Überträgersubstanz ist. Es kommt in den Nerven zu einer Anreicherung dieses Stoffes, also zu einer körpereigenen „Acetylcholin-Vergiftung". Die Folge ist eine Überaktivität des Nervensystems mit anschließendem Tod.

Die Vorteile der organischen Phosphorverbindungen als Pflanzenschutzmittel sind ihre kurze Lebensdauer, die teilweise geringe Giftigkeit gegenüber Warmblütern und die geringe Bindung an tierisches Körpergewebe; daher gelangen diese Gifte auch nicht in den Nahrungskreislauf.

Ein großer Nachteil dieser Pestizide ist aber das breite Wirkungsspektrum gegenüber allen Insekten, so daß stets auch die Nutzinsekten den organischen Phosphorverbindungen zum Opfer fallen.

Die Azodrin-Story

Azodrin (3-Hydroxy-N-methyl-cis-crotonamino-dimethylphosphat) ist eine organische Phosphorverbindung mit insektizider, also insektentötender Wirkung.

Wird der Baumwollkäfer Anthomus grandis, einer der bedeutendsten Schädlinge in den Baumwoll-Anbaugebieten Mittel- und Nordamerikas, mit Azodrin bekämpft, werden nicht nur dieser Schädling vernichtet, sondern auch seine Feinde unter den Nutzinsekten.

Da Schadinsekten sich normalerweise bedeutend rascher vermehren als Nutzinsekten, kommt es bald nach einer Vergiftungsaktion zu einer neuen Invasion von Baumwollkäfern, jedoch fehlen weitgehend deren natürliche Feinde. Untersuchungen von Entomologen der Universität von Kalifornien ergaben, daß trotz regelmäßiger Anwendung von Azodrin und damit erhöhter Betriebskosten für die Baumwollfarmer, die Befallsdichte des Baumwollkäfers ständig ansteigt und die Baumwollpflanzen stärker geschädigt werden als vor jeglicher Behandlung (vgl. auch Seite 29).

PCB – ein spät erkanntes Umweltgift

PCBs = polychlorierte Biphenyle

Wie das DDT enthalten die PCBs Chlor, Wasserstoff und Kohlenstoff, sind ebenfalls wasserunlöslich, aber fettlöslich. Sie sind noch widerstandsfähiger als DDT und werden nur sehr langsam abgebaut.

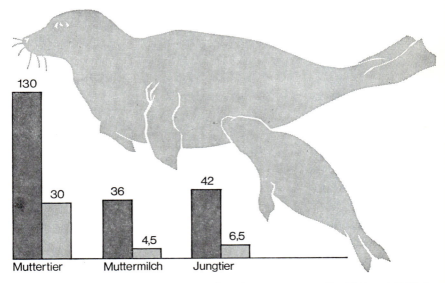

Ein Beispiel für die Anreicherung der Chlorkohlenwasserstoffe DDT und PCB im jungen Seehund durch die Muttermilch. Dunkelgrauer Block: DDT-Gehalt, hellgrauer Block: PCB-Gehalt, jeweils in mg/kg. Linkes Blockpaar: DDT- und PCB-Gehalt im Fett des Muttertieres; mittleres Blockpaar: DDT- und PCB-Gehalt in der Milch des Muttertieres; rechtes Blockpaar: DDT- und PCB-Gehalt im Fettgewebe des Jungtieres. (Nach Angaben des Naturhistorischen Reichsmuseums, Stockholm.)

In der Industrie werden polychlorierte Biphenyle seit 1929 angewendet, in großer Menge aber erst seit etwa 25 Jahren, besonders in der Kunststoff-Industrie. Sie dienen u. a. zur Herabsetzung der Brennbarkeit von Ölen, als Bootsfarben und als Isoliermaterial in Elektrokabeln.

In die Umwelt gelangen PCBs durch Abluft, Abwasser und durch direktes Verdampfen oder Verflüchtigen. Als Umweltgefahr wurden PCBs erst 1966 erkannt.

Durch die Bindung an Fette und Lipoide (fettähnliche Substanzen) gehen sie in den Nahrungskreislauf ein. Fische und Wasservögel weisen heute bereits hohe PCB-Anreicherungen auf.

Miesmuscheln, Schollen, Dorsche, Heringe, Lachse, Möwen, See- und Fischadler sowie Seehunde der Nord- und Ostsee haben in ihren Körpern einen PCB-Gehalt, der vielfach höher liegt als die DDT-Anreicherung.

In der Nähe von Industriegebieten können auch die Menschen einen hohen PCB-Gehalt aufweisen. Neugeborene und Kinder haben verhältnismäßig mehr polychlorierte Biphenyle in ihrem Körper als Erwachsene. Sogar das ungeborene Kind erhält über das mütterliche Blut diese Stoffe. PCBs lagern sich nicht nur im Fettgewebe, sondern auch im Nervensystem und in den Keimdrüsen ab.

Schleichende Bleivergiftung

Das Element Blei (chem. Zeichen Pb) ist das weichste aller Schwermetalle. Es gehört mit 0,0016% zu den wichtigsten Elementen im Aufbau der Silikatkruste der Erde. Es findet sich vorwiegend in dem als Bleiglanz oder Bleisulfid bezeichneten Bleierz (u. a. im Harz und im Aachener Revier) sowie in einer Reihe weiterer natürlicher Verbindungen (z. B. als Bleidioxyd im Schwerbleierz und als Bleichlorid im Mineral Cotunnit). Die Weltvorräte an Blei werden auf 40 Millionen t geschätzt.

Auch im natürlichen Seewasser kommt Blei in gelöstem Zustand mit 5 Milligramm pro Kubikmeter als Spurenelement vor.

Über 2 Millionen t Blei werden alljährlich in der Welt gewonnen und industriell verarbeitet.

In der Technik wird das Blei sowohl in gehärtetem Zustand als auch in Form von Legierungen für zahlreiche Zwecke benutzt. Zur Ummantelung von Erd- und Seekabeln, für Akkumulatorenplatten und chemische Apparate, zum Strahlungsschutz (z. B. gegen Röntgenstrahlen in der Medizin sowie gegen radioaktive Strahlung in der Atomforschung und in Kernkraftwerken), für die Munitionsherstellung sowie für Dichtungen, Plomben, Rohrleitungen

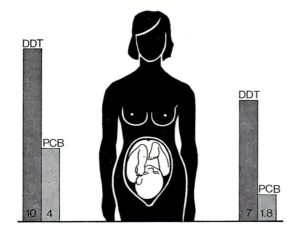

DDT- und PCB-Gehalt in der Muttermilch und im Körper des ungeborenen Kindes, jeweils in mg/kg. Linkes Blockpaar: Muttermilch. Rechtes Blockpaar: Fötus. (Nach Angaben des Naturhistorischen Reichsmuseums, Stockholm.)

usw. wird das Blei verwendet. Auch in der Farbenindustrie spielt es eine wichtige Rolle. (z. B. Mennige und Bleiweiß).

Sehr hoch ist der Bleiverbrauch für den Kraftfahrzeugverkehr. Um Vergasertreibstoffe klopffester zu machen und eine höhere Motorenleistung zu erzielen, werden sie verbleit, d. h. das Benzin wird mit Bleiverbindungen wie Tetraäthyl-, Tetramethylblei, Bleibromid und Bleichlorid versetzt.

Belastung der Umwelt

Durch Abwasser und Abgase gelangen große Mengen an Bleirückständen in die Umwelt.

Der Bleigehalt der Weltmeere ist bereits 50fach höher als normal. Die Winde verfrachten das Blei über die ganze Erdoberfläche. Der jährliche Bleiniederschlag beträgt in der Welt mindestens 500 000 t.

Der größte Teil der Bleirückstände stammt aus den Auspuffen der Kraftfahrzeuge. Während amerikanisches Benzin mit über 0,80 Gramm pro Liter versetzt ist, liegt der Bleigehalt in Deutschland zwischen 0,45 und 0,66 g/l; das bedeutet, eine Autotank-Füllung von 40 Litern Benzin enthält zugleich im Durchschnitt 20 Gramm Blei. 50—70 % des Benzinbleis (als Bleioxid) werden feinst verteilt wieder in die Luft abgegeben. In der Bundesrepublik werden jährlich 8 Millionen Kilogramm (= 8 000 t) Blei von Automotoren in die Umwelt geblasen. Jährlich erhöht sich in den Großstädten der Bleigehalt der Luft um 15 %.

Das Blei wird von Pflanzen, Tieren und Menschen aufgenommen. An der Autobahn enthält jedes Kilogramm Pflanzenmasse 50—200 Milligramm Blei, an vielbefahrenen Kreuzungen bis 3 000 Milligramm.

Gefährdung für den Menschen

Das Blei in seinen verschiedenen Verbindungen und in Dampfform ist sehr giftig.

Der Mensch nimmt das Blei über die Kuhmilch, aber auch direkt durch Gemüse, Salate, Früchte usw. auf. Am stärksten gelangt das Blei mit der Atemluft in die menschliche Lunge. Diese ständige Zufuhr von Blei bewirkt eine schleichende Bleivergiftung. Sie kann folgende Symptome zeigen: Nervenkrankheiten bis zu Lähmungserscheinungen, psychische Schäden, Gelenkerkrankungen, Allergien und andere Hautreaktionen, Anämie, Zahnfleischveränderungen, Herz- und Kreislaufschwäche, Stoffwechselkrankheiten, Verstopfung, Koliken, Migräne, Blei-Basedow, ferner allgemeines Abgespanntsein und Arbeitsunlust.

Ein Teil der Bevölkerung großer Industrienationen leidet bereits unter der schleichenden Bleivergiftung.

Fachleute nehmen an, die führende Oberschicht des alten Rom, die Patrizier, hätten selbst zu ihrem Untergang beigetragen: Mit dem Genuß von Wein und anderen Getränken aus teuren Bleigefäßen nahmen sie stets geringe Mengen des giftigen Metalls auf, die schließlich zur Unfruchtbarkeit und erhöhter Babysterblichkeit führten.

Gefährdung der Tierwelt

Rotwild, das im Umkreis von Bleihütten lebt, wird kreuzlahm (Nervenkrankheit).

Rinder, die viel Bleistaub aufnehmen, weisen Schädigungen der Geschlechtszellen und Samenfäden auf.

Raubwild und Wasservögel leiden unter der Bleieinwirkung. In Bombay Hook National Wildlife Refuge gingen 4000 Kanadagänse an Bleivergiftung ein. Auch Trauertauben waren Bleiopfer, bedingt durch die Anwendung von Bleiarsenat als Schädlingsbekämpfungsmittel.

Lebendiges Silber – tödliche Gefahr

Quecksilber (chem.: Hg) ist das einzige bei gewöhnlicher Temperatur flüssige Metall; der Name stammt von „quick" (lebhaft, lebendig) und „Silber" und verrät Eigenschaften und Aussehen dieses bereits im Altertum bekannten Stoffes. In der Natur findet es sich als rotes Erz, Zinnober, aus dem es technisch gewonnen wird (Welterzeugung etwa 8000 Tonnen/Jahr).

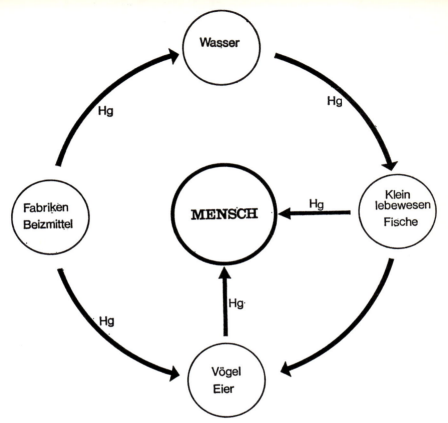

Transportwege giftiger Quecksilberverbindungen im Wasser und in der biologischen Nahrungskette, bis hin zum Menschen.

Hohes spezifisches Gewicht, gleichmäßige Wärmeausdehnung und elektrisches Leitvermögen machen es geeignet für die Herstellung von Temperatur-, Druckmessern und elektrischen Geräten. Quecksilberdampf sendet im elektrischen Lichtbogen ultraviolettes Licht aus: Quecksilberlampen aus Quarzglas finden als sog. „Höhensonnen" in der Medizin vielfache Anwendung. Quecksilber besitzt außerdem die Fähigkeit, andere Metalle aufzulösen und Legierungen (Amalgame) zu bilden. Silberamalgam-Plomben sind seit langem in der Zahnheilkunde von Bedeutung.

Die Nutzwirkung des Quecksilbers erstreckt sich darüber hinaus auf das Gebiet des Pflanzenschutzes. Schwere Pilzkrankheiten von Nutzpflanzen (Getreide, Hülsenfrüchte, Rüben, Kartoffeln, Obstsorten) lassen sich durch chemische Verbindungen dieses Metalls wirkungsvoll bekämpfen.

Für den tierischen und menschlichen Organismus sind metallisches Quecksilber, seine anorganischen Salze und organischen Kohlenstoff-Verbindungen besonders giftig. Schon sehr geringe Mengen dieser Stoffe, verschluckt, eingeatmet oder durch die Haut aufgenommen, können sich mit körpereigenen Substanzen in Blut-, Gewebe- und Zentralnervensystem verbinden und dann zu schweren gesundheitlichen Schäden oder zum Tode führen. Die große Gefahr besteht darin, daß Quecksilber — ähnlich wie Blei und DDT — vom Körper gespeichert wird: eine schleichende Vergiftung ist die Folge.

Quecksilber-verseuchte Gewässer

Quecksilber kann durch Industrieabwässer aus Papier-, Chlorkali- und Elektrofabriken, durch mißbräuchliche Benutzung von Pflanzenschutzpräparaten und unsachgemäße Müllbeseitigung direkt oder indirekt über das Grundwasser in Seen und Flüsse gelangen. Durch Oberflächenbindung reichert es sich im Gewässergrund und bei Wasserpflanzen an, der Rest bleibt im Wasser gelöst. Wassertiere aller Art nehmen Quecksilber durch die gesamte Körperoberfläche und mit der Nahrung auf.

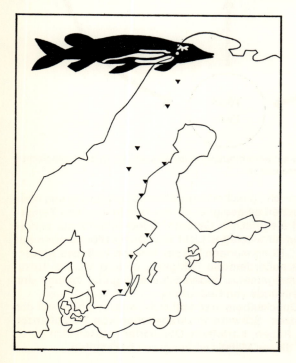

Quecksilber-verseuchte Oberflächengewässer in Skandinavien (schwarze Dreieck-Symbole). Untersuchungen an Fischen, besonders am Hecht, ergaben erhebliche Anreicherungen des giftigen Metalls in Gehirn, Kiemenbereich, Leber, Niere und Verdauungstrakt (weiße Zonen des dargestellten Fisches).

In Eiern von Wassertieren wird Quecksilber im Eidotter angereichert. Auch in Schalentieren wie Muscheln und Schnecken finden sich große Hg-Mengen. Fische aus quecksilberverseuchten Gewässern enthalten hohe Giftkonzentrationen in Leber und Nieren, geringere in Herzmuskel, Milz, Kiemen, Gehirn, Muskeln und Knochen.

Die Gewässer in den dichtbesiedelten Gebieten von Schweden und Finnland sind teilweise so stark durch Quecksilber verunreinigt, daß viele von ihnen für den Fischfang gesperrt wurden; sie stehen auf der „Schwarzen Liste". Standfische wie der Hecht weisen hohe Hg-Gehalte auf.

Thunfisch-Konserven wurden in den USA und in Deutschland kürzlich überprüft: dabei stellten die Chemiker zum Teil doppelt so hohe Quecksilbergehalte im Thunfleisch fest, als behördlich erlaubt ist. Tausende von derart vergifteten Konserven mußten daraufhin aus dem Handel gezogen werden.

Die Minamata-Katastrophe

Vor 17 Jahren trat in der Umgebung der japanischen Küstenstadt Minamata bei über 100 Menschen eine zunächst geheimnisvolle Krankheit des Zentralnervensystems auf.

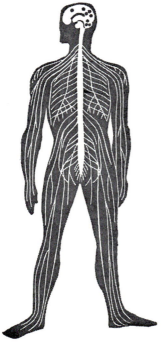

Organische Quecksilberverbindungen (Methyl-Hg) schädigen insbesondere das zentrale Nervensystem des Menschen. Wichtige Zentren des Gehirns werden ausgeschaltet. Die Folgen sind unheilbare Seh- und Gehörstörungen, Lähmungen von Zunge und Gliedmaßen, Bewegungsschwierigkeiten und Verblödung.

1949 hatte dort ein riesiges Industrie-Unternehmen mit der Synthese chemischer Ausgangsprodukte zur Herstellung von Kunststoffen begonnen, wobei Quecksilbersalze als Katalysatoren (Kontaktstoffe) Verwendung fanden.

Fabrikabwässer beförderten die anfallenden anorganischen Hg-Rückstände, die sich z. T. in hochgiftiges organisches Methylquecksilber umgewandelt hatten, in benachbarte Meeresbuchten. Über die biologische Nahrungskette reicherte sich Quecksilber in dort vorkommenden Seefischen an, die vielen Bewohnern des Minamata-Distrikts als Nahrung dienten.

Für mehr als 40 ahnungslose Menschen war es eine Henkersmahlzeit: Sie starben — wie die Autopsie ergab — an Quecksilbervergiftung. Bei den übrigen Personen kam es zu schweren geistigen Schäden oder dauernder Invalidität. Das Rätsel um die unheimliche „Minamata-Krankheit" war gelöst.

Beizmittel und Vogeltod

Getreide- und Rübensaat werden zur Vermeidung von Keimschäden durch pilzliche Schmarotzer mit quecksilberhaltigen Mitteln (Fungiziden) „gebeizt".

In Schweden führte man 1940 Beizmittel ein, die Methylquecksilber (Koppelung mit einer Methylgruppe, CH_3-) enthielten und mit zunehmender Rationalisierung und Mechanisierung der Landwirtschaft in weitem Umfang zur Anwendung kamen.

1963 wurde die schwedische Öffentlichkeit durch Berichte über ungewöhnlich hohe Sterberaten bei saatfressenden Vogelarten und ihren Feinden (Greifvögeln, Füchsen) alarmiert. Forscher fanden bald deutliche Hinweise dafür, daß Methylquecksilber die Ursache war. Leber- und Nierengewebe eingegangener Wildvögel wiesen teilweise erhebliche Hg-Gehalte auf.

Methylquecksilbergehalte in Vögeln, bezogen auf mg/kg Leber bzw. Niere:

Fasanen und Rebhühner:	28—140 mg Hg/kg Leber, Niere
Tauben:	8— 45
Rabenvögel:	29—110
Finken:	11—136
Adler, Bussarde, Habichte und Falken:	6—100
Eulen:	4—270

Die Zahl vergiftet aufgefundener Vögel erreichte jeweils 1 bis 2 Monate nach der Aussaat im Frühjahr und Herbst einen Höhepunkt.

In Fütterungsversuchen mit Methylquecksilber-gebeiztem Saatgut verendeten Fasanen nach 29—62 Tagen; Nieren und Leber enthielten bis zu 130 mg Hg/kg Gewebesubstanz.

Eine Untersuchung von Vogelfedern auf ihren Hg-Gehalt vor und nach der Einführung des Methylquecksilbers als Beizmittel zeigte krasse Unterschiede. Analysiert wurden Federn von Balgpräparaten des Naturhistorischen Museums in Stockholm aus der Zeit zwischen 1829 und 1940 sowie von konserviertem oder lebendem Material jüngerer Jahre. Während in der 100jährigen Periode von 1840−1940 die Hg-Mengen im Gefieder der Vögel nahezu gleich waren, stieg der Hg-Spiegel in den Jahren 1940−1950 um das 10- bis 20fache an, also zeitgleich mit der Einführung des Methylquecksilbers.

Alle Feststellungen bewiesen den ursächlichen Zusammenhang zwischen Vogelsterben und Saatbeizung.

Gesetzgeberische Maßnahmen

Aufgrund der erdrückenden Beweislast für die Giftigkeit von Quecksilber kam es in Schweden zu einer Reihe gesetzlicher Verordnungen:

1. I. 1966: Verbot von Phenylquecksilber als Bekämpfungsmittel von Mikroorganismen in Papierherstellungs-Maschinen.
1. II. 1966: Verbot von Methylquecksilber als Beizmittel, das durch weniger giftiges Metoxyäthylquecksilber ersetzt wurde.
1. X. 1967: Verbot von Phenylquecksilber als Pilzbekämpfungsmittel in der Papierindustrie.
1. XI. 1967: Verbot des Fischfangs in Gewässern, deren Fische einen Hg-Gehalt über 1,0 mg/kg Gewicht (natürlich sind 0,2) aufwiesen.

1963 setzte die Weltgesundheitsorganisation (WHO/FAO) im Codex Alimentarium die Toleranzgrenze für Quecksilber in Nahrungsmitteln (ohne Wasser und Fischfleisch!) mit 0,05 mg/kg fest.

In Deutschland gibt es z. Z. etwa 50 amtlich anerkannte quecksilberhaltige Pflanzenschutzmittel, die ohne Ausnahme der Giftabteilung 1 (= giftigste Stoffe) der Länderverordnung über den Handel bzw. Verkehr von giftigen Pflanzenschutzmitteln angehören. Das Bundesgesundheitsamt und die Biologische Bundesanstalt planen allerdings ein Verbot aller Quecksilberbeizmittel nach 1972; bis jetzt ist aber noch kein äquivalenter Ersatz gefunden worden, um landwirtschaftliche Schäden durch Pilze am auflaufenden Saatgut zu vermeiden.

Schwermetalle im Wasser

Rückstände der galvanischen Oberflächenbehandlung und anderer industrieller Prozesse bestehen zu einem hohen Prozentsatz aus Salzen von Schwermetallen wie Eisen, Kupfer, Chrom, Nickel, Cadmium, Zink, Zinn,

Blei und Silber. Gelangen diese über das Abwasser in Flüsse oder Seen, so gefährden sie aufgrund ihrer eiweißfällenden Eigenschaften den Organismenbestand und den Menschen.

Durch ständige Aufnahme von Cadmiumsalzen werden z. B. wichtige Bausteine der Knochensubstanz aufgelöst und der menschliche Körper schrumpft zusammen (japanische Itai-Itai-Krankheit). Bei der biologischen Abwasserreinigung wird die Schlammfaulung durch einen Gehalt von weniger als 1 % Kupfer, Nickel, Chrom oder Zink im Trockenschlamm unterbunden.

Vor Ableitung schwermetallhaltiger Abwässer in die Kanalisation oder die Vorfluter ist die Entfernung dieser Giftstoffe unabdingbare Voraussetzung. Für die Einleitung schwermetallhaltiger Abwässer in das städtische Kanalisationsnetz bestehen deshalb in der Bundesrepublik von den einzelnen Städten herausgegebene Benutzungsverordnungen.

Nach § 8 der Satzungen über die Entwässerung der Stadt Frankfurt am Main vom 27. Januar 1969 dürfen in die öffentlichen Entwässerungsanlagen nur Stoffe eingebracht werden, die keine Gefährdung des mit der Wartung und Instandsetzung der Anlage beauftragten Personals, der Benutzbarkeit der Anlage oder der Reinigung der Abwässer darstellen. Für Schwermetalle gelten folgende Höchstgrenzen:

Blei	2,0 Milligramm pro Liter Abwasser
Cadmium	2,0 Milligramm pro Liter Abwasser
Chrom	3,0 Milligramm pro Liter Abwasser
Gesamteisen	20,0 Milligramm pro Liter Abwasser
Kupfer	2,0 Milligramm pro Liter Abwasser
Nickel	3,0 Milligramm pro Liter Abwasser
Zink	3,0 Milligramm pro Liter Abwasser
Zinn	3,0 Milligramm pro Liter Abwasser

Chromate sind zu reduzieren und dürfen nur spurenweise nachweisbar sein.

Uns geht die Luft aus

Die Atmosphäre

Die natürliche Lufthülle unserer Erde (Atmosphäre) besteht aus einem Gemenge gasförmiger Stoffe wie Stickstoff, Sauerstoff, Edelgase (Argon, Neon, Helium, Krypton, Xenon), Kohlendioxyd, Schwefelverbindungen, Ammoniak und Ozon; diese sind in unterschiedlicher, im einzelnen jedoch praktisch feststehender Menge vorhanden:

z. B. Sauerstoff mit 20,95 Vol. %,
Stickstoff mit 78,08 Vol. %,

| Edelgase | mit 0,94 Vol. %, |
| Kohlendioxyd | mit 0,03 Vol. %. |

Als Ursache für die relative Konstanz der Luftzusammensetzung ist der biologische Kreislauf anzusehen, in dem Sauerstoff, Kohlendioxyd und Stickstoff zwar umgesetzt, aber nicht verbraucht werden, sondern im Zuge der tierischen Atmungs- und pflanzlichen Assimilationsvorgänge der Luft und dem Kreislaufgeschehen wieder zur Verfügung gestellt werden.

Wir leben von der Luft

Mit jedem Atemzug nimmt der erwachsene Mensch im Ruhezustand etwa 500 Kubikzentimeter Luft in seine Lungen auf, bei starker körperlicher Beanspruchung noch erheblich mehr. Von der eingeatmeten Luft wird fast nur der Sauerstoffanteil benötigt.

Die Sauerstoffaufnahme erfolgt in winzigen Hohlräumen, den Lungenbläschen, deren Wände mit einem Netz feinster Blutäderchen überzogen sind. Das Blut übernimmt schließlich den Gastransport zwischen Aufnahmeorganen und Verbrauchsstellen des Körpers. Dabei wird der Sauerstoff an den roten Blutfarbstoff, das Hämoglobin, abbaufähig gebunden und in sauerstoffverbrauchende Körperzellen abgegeben, umgekehrt wird aus Umsetzvorgängen in den Zellen Kohlendioxyd (CO_2) über das Blut in die Lungen transportiert und ausgeatmet.

Gasförmige Fremdstoffe der Luft können unter Umständen als gefährliche Atemgifte wirken: Dazu gehört vor allem das Kohlenmonoxyd (= Kohlenoxyd CO). Wie der Sauerstoff wird es rasch an das Hämoglobin angelagert und blockiert damit den Transport dieses wichtigen Gases im Blut. Dadurch entstehen Seh- und Gleichgewichtsstörungen, Atemnot, Kopfschmerzen, Blutdruckanstieg, Kreislaufversagen; stärkere CO-Aufnahme führt zum Tod. Ein anderes gasförmiges Gift, das Kohlenoxychlorid (Phosgen), zersetzt sich in der Lunge zu Kohlendioxyd und Salzsäure und zerstört das Lungengewebe.

„Hallo Schwefeldioxyd, hallo Kohlenmonoxyd,
Herein, herein, ich atme euch ein,
Tagaus, tagein, ich atme euch ein.
Hallo Teer und Ruß und Rauch,
Alle Auspuffgase auch,
O fein, o fein, wir atmen euch ein.
Cataclysmen, Ectoplasmen,
Atomare Weltorgasmen.
Und wenn die viele Giftluft dann,
Nicht mehr in meine Lunge kann,
Frißt sie noch meinen Grabstein an.
Hallo Schwefeldioxyd, hallo Kohlenmonoxyd,
Herein, herein, ich atme euch ein.
Holt Luft, einmal noch ganz tief, tief, tief, ganz tief ... (Song aus dem Musikal „Hair")

Die Luftverschmutzung — zivilisatorischer Gifthauch

Obgleich Luftverunreinigungen durchaus natürliche Ursachen wie Vulkanausbrüche, Rauchentwicklung bei Steppen- und Waldbränden oder starke Staubbildung durch Stürme haben können, sind sie jedoch vornehmlich auf den Einfluß des Menschen zurückzuführen, also anthropogen.

Bei der Nutzung von Rohstoffen wie Erdöl, Erdgas, Kohle und Holz zur Energiegewinnung, bei der Verbrennung von Treibstoffen in Triebwerken und Motoren von Flugzeugen und Kraftfahrzeugen und bei industriellen Fertigungsvorgängen entstehen Emissionen (von lateinisch emittere = aussenden, ausstoßen, entleeren) von Gasen, Grob- und Feinststäuben, die eine erhebliche Belastung der atmosphärischen Luft bedeuten.

200 Millionen Tonnen Kohlenmonoxyd (CO), 80 Millionen Tonnen Schwefeldioxyd (SO_2) und 10 Millionen Tonnen stickstoffhaltige Gase (nitrose Gase) (NO, NO_2) vergiften jährlich den Luftraum unserer Erde.

„Wir stehen demnächst zum Zwecke des Menschenschutzes auch vor der Aufgabe der Atmosphärenkontrolle. Die Menschen werden tatsächlich, ob sie politisch wollen oder nicht, eine planetarische Schicksalsgemeinschaft im Hinblick auf die gesamtheitlichen Lebensgrundlagen der Erde." (H. Egli)

Messungen auf Hawaii und in der Antarktis haben ergeben, daß der Kohlendioxyd-Gehalt weltweit jährlich um 0,7 Milligramm pro 1 Liter Luft ansteigt; große Mengen Kohlendioxyd, Wasserdampf und Ozon binden die Wärmestrahlung (infrarote Strahlen) und können so eine Erhöhung der mittleren Lufttemperaturen hervorrufen.

Die Anreicherung von Abgas-Staub-Gemischen in höheren Luftschichten führt andererseits zur Abschwächung der Sonneneinstrahlung und damit zur Verminderung der Assimilationsfähigkeit der Pflanzen.

Das Regenwasser wird von Jahr zu Jahr saurer als Folge der Bildung schwefeliger Säure und Schwefelsäure aus dem Schwefeldioxyd in der Luft.

Der durchschnittliche Gehalt der Luft an verunreinigenden Substanzen beträgt in den USA:

Kohlenmonoxyd	2	Milligramm pro Liter Luft
Oxydantien	0,05	Milligramm pro Liter Luft
Schwefeldioxyd	0,06	Milligramm pro Liter Luft
Stickstoffdioxyd	0,06	Milligramm pro Liter Luft
Blei	0,0006	Milligramm pro Liter Luft

Auch Pestizide und PCBs gelangen in den Luftraum und werden oft weit verfrachtet (vgl. Seiten 33—42).

Messungen für 1966 ergaben, daß der englische bzw. amerikanische Bürger pro Tag im Durchschnitt $0,5 \cdot 10^{-6}$ g chlorierte Kohlenwasserstoffe allein mit der Luft zu sich nahm.

Kritische Situationen für die Gesundheit entstehen bei einem plötzlichen Zusammentreffen mehrerer Luftgiftstoffe als Folge der „Smog"-Bil-

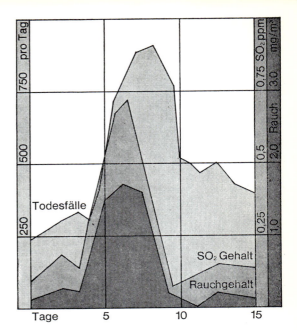

Die Todesrate unter der Bevölkerung in Beziehung zum Rauch- und SO₂-Gehalt der Luft von London während der „Smogkatastrophe" im Dezember 1952. (Aus Egli nach Bättig, verändert.)

dung: Ungünstige Wetterlagen verhindern den Luftaustausch mit der höheren Atmosphäre und führen in Bodennähe zu einer starken Anreicherung gefährlicher Giftgase und Staubniederschläge. Als direkte Folge des Smogs starben 1952 in kurzer Zeit 4000 Einwohner von London.

Die Frankfurter Dunstglocke

14 Millionen Autos fahren heute auf bundesdeutschen Straßen. Fachleute rechnen in den nächsten 20 Jahren mit einer Verdoppelung der Kraftfahrzeuge in der Bundesrepublik.

In Frankfurt hat sich allein von 1948—1958 die Verkehrsdichte verzehnfacht. Bezogen auf die Einwohnerzahl weist die Stadt heute die höchste Kraftfahrzeugdichte des Bundesgebietes auf. Eine Verkehrszählung im Jahre 1964 ergab für die Zeit von 6 Uhr morgens bis 22 Uhr am Abend über 570000 Autofahrten in einer Richtung, das ergibt eine mittlere Fahrzeugdichte von ca. 35000 Fahrzeugen pro Stunde, die im Stadtgebiet ständig unterwegs sind.

Die Auspuffgase der Kraftfahrzeuge mit einer großen Zahl organischer und anorganischer Komponenten, Aerosolen wie Ruß, Bleiverbindungen, unverbranntem Benzin und Öl verpesten jede Minute den Luftraum und stellen eine ständige Belastung der Bevölkerung dar. Das Einatmen der größtenteils sehr giftigen Gase führt auf die Dauer zu gravierenden gesundheitlichen Schäden (Erkrankungen der Luftwege, Kreislaufversagen, Allergien).

Verunreinigungen	Benzinmotor	Dieselmotor
Feststoffe (C, Staub)	0,05	17
Schwefeloxyde (SO_2)	2,8	5
Stickstoffoxyde (NO_2)	12,3	24,5
Ammoniak	0,3	—
Säuren (H_3COOH)	0,3	5
Aldehyde (HCHO)	2,8	2,5
andere organische Stoffe inkl. Kohlenwasserstoffe	70,5	unbekannt

Geschätzte Emissionsmenge der Verunreinigungen aus Verbrennungsmotoren in kg Verunreinigungen pro Tonne verbrauchten Kraftstoffs (Georgii, 1967).

Bedenklich ist vor allem der hohe Gehalt an giftigem Kohlenmonoxyd in den Autoabgasen, der sich zwischen 2 und 10% bewegt. Aus etwa 4000 l Fahrzeugbenzin entstehen neben anderen Verbrennungsprodukten etwa 1500 kg CO; für das Frankfurter Stadtgebiet läßt sich eine Menge von täglich 783 Tonnen CO errechnen, die emittiert wird.

Durch die geographische Beckenlage von Frankfurt am Main und die sehr häufig auftretenden, windarmen Wetterlagen bleiben die Giftstoffe über dem Stadtgebiet und bilden eine Dunstglocke, unter der über eine halbe Million Menschen atmen müssen.

Rachitis, Atembeschwerden, Bronchialerkrankungen und Stoffwechselstörungen sind nur einige der im Frankfurter Raum daraus resultierenden Krankheitsfälle.

Da Frankfurt als ein Beispiel für die Luftverschmutzung in der Bundesrepublik angesehen werden kann, führen hier seit einiger Zeit Institute und Wissenschaftler eine meteorologisch-lufthygienische Modelluntersuchung durch, aus der sich Richtlinien für die regionale Planung in anderen Städten mit ähnlichen Problemen ergeben sollen.

Das Meer – Schatzkammer der Erde

Das Weltmeer mit seinen drei Ozeanen und vielen Mittel-, Rand- und Nebenmeeren umfaßt annähernd drei Viertel der Erdoberfläche. Im Durchschnitt ist es etwa 4000 m tief, stellenweise erreicht es über 10000 m Tiefe. Es hat ein Volumen von 1368 Millionen Kubikkilometer.

Für die immer zahlreicher werdende Menschheit hat das Meer in der Zukunft drei Hauptaufgaben als
wichtigster Eiweißlieferant für die menschliche Ernährung aufgrund seiner Pflanzen und Tiere;
bedeutendster Rohstofflieferant für die Industrie aufgrund seiner Bodenschätze;
größte Müllkippe aller Kontinente aufgrund seiner riesigen Ausdehnung.

Das Meer —
wichtigster Nahrungsspender für die Menschheit?

Manche Ernährungsspezialisten glauben, daß es durch Verwertung der pflanzlichen Eiweißmassen des Meerwassers, durch technische Intensivierung des Fischfangs und durch erweiterte Zuchtmethoden von Meerestieren möglich sein wird, allein aus dem Meer 30 Milliarden Menschen mit genügend Nahrung zu versorgen. Der bisher höchste Ertrag von 64 Millionen t gefangener Fische (1968) soll auf 100—150 Millionen t gesteigert werden. Außerdem sollen verstärkt pflanzliches und tierisches Plankton, Algen, Muscheln, Tintenfische und Krebse für die menschliche Ernährung verwendet werden.

Wie sieht die Wirklichkeit aus?

Durch modernste Fangflotten mit ausgeklügelten Fangtechniken wird die Fischwelt rücksichtslos abgefangen. Diese Ausbeutung des Meeres muß schon in wenigen Jahren zu einem katastrophalen Rückgang des Fischbestandes führen. Mancherorts sind bestimmte, früher häufige Nutzfische schon verschwunden (z. B. an der Südküste Kaliforniens und vor Schottland).

Nach Berechnungen der Organisation für Ernährung und Landwirtschaft in den Vereinten Nationen (FAO) ist 1969 zum ersten Mal seit 25 Jahren der Ertrag der gesamten Weltfischerei rückläufig gewesen.

Durch Verschmutzung und Vergiftung des Wassers wird die Brut mancher Fischarten stark geschädigt.

Durch Aufnahme von Industriegiften sind Nutzfische ungenießbar geworden oder haben gefährliche Giftmengen angereichert (z. B. der Thunfisch in vielen Teilen der Weltmeere).

Durch Anreicherung von Giften sind Krebse, Muscheln und andere Wirbellose ungenießbar geworden (z. B. die Miesmuschelbänke bei Mellum in der Deutschen Bucht).

Bestimmte Hochseealgen leiden unter Chlorkohlenwasserstoffen und anderen Giften und gehen in ihrem Bestand allmählich zurück.

Die Zucht von Meerestieren ist in vielen Küstengebieten wegen der Verschmutzung der Flachwasserzonen bereits unmöglich geworden.

Wirtschaftlicher Reichtum aus dem Meer

Das Weltmeer ist der größte Vorratsspeicher unseres Erdballs an kostbaren Mineralstoffen. Im Meerwasser befinden sich 50 Billiarden Tonnen gelöster Salze und wertvoller Spurenelemente. Der Meeresboden ist ein schier unerschöpflich erscheinendes Reservat an Bodenschätzen.

Manganerzknollen bedecken in ungeheuren Mengen den Ozeanboden; sie enthalten hauptsächlich Mangan, Nickel, Kobalt und Kupfer.

Im Boden befinden sich Lagerstätten von Erzen, Salzen, Schwefel und Kohle. Erdgas und Erdöl bilden riesige Lager im Meeresboden.

Die einschlägige Industrie baut nicht nur zahlreiche Bohrschiffe, Hubinseln, Plattformen, Greif- sowie Saugbagger und Unterwasser-Sammelgeräte, sie plant sogar die Anlage von Großlabors am Meeresboden.

„Meeresforschung rentiert sich: die Wirtschaft profitiert in Milliarden."

Das Meer als weltweiter Mülleimer

Die Ozeane scheinen bodenlose Kehrichteimer zu sein. Doch die ersten Folgen der bedenkenlosen Anhäufung von Chemikalien, Abwässern, radioaktiven Materialien, Ölrückständen und anderen Abfallstoffen machen sich bereits bemerkbar. Viele Tiere haben in ihrem Körper schon bedenkliche Mengen der Zivilisationsgifte angereichert. Zahlreiche Länder sehen in der Belastung des Meerwassers direkt oder indirekt eine Gefährdung der Menschen.

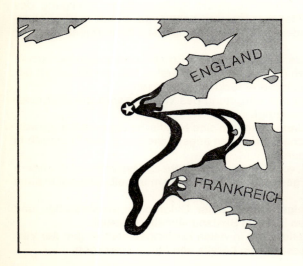

Die Ölverschmutzung (schwarze Bänder) an den englischen und französischen Küsten sowie im Ärmelkanal durch die Havarie (Stern) des Tankers „Torrey Canyon" im Frühjahr 1967.

Die europäischen Küstengebiete, an denen in der Zeit zwischen 1960 und 1968 starke Ölverunreinigungen festgestellt wurden und stellenweise auch größere Mengen verölter Vögel vorkamen. (Aus Rivon 1968, stark verändert.)

Besonders die Nord- und Ostsee sind in starkem Maße bedroht. Allein durch ein an der Wesermündung gelegenes Titanwerk gelangen täglich 1 200 Tonnen schwefelsäure- und eisensulfathaltige Industrieabwasser durch Verklappung (Schiffstransport) nördlich von Helgoland in die Nordsee. Insgesamt gelangen in die Nordsee täglich 20 000 Tonnen industrieller und häuslicher Abfälle der Anliegerstaaten. Die Abwasserflut enthält u. a. große

Mengen Abfallschwefelsäure und Gipsschlamm, Insektizide, niedrige Fettsäuren, Abwässer aus Galvanisierungsbetrieben, Phenole, Schwermetallsalze usw. Bisher sind keine Anzeichen zu erkennen, daß die Abfallflut vom Land zum Meer in näherer Zukunft nachläßt oder auch nur kontrolliert werden kann.

Der Fang mancher Tiere für die menschliche Ernährung dürfte bald verboten werden. Einige Meeresforscher befürchten, daß auch das Baden an den Küsten der Nord- und Ostsee sowie des Mittelmeeres bald nicht mehr möglich sein wird.

Ölpest auf allen Meeren

Jährlich gelangen 1 Million Tonnen Öl in die Weltmeere. Die Folgen sind für die Natur katastrophal. Allein an den Küsten Großbritanniens sterben in jedem Jahr etwa 250 000 Seevögel an der normalen Ölverschmutzung; in der ganzen Welt sind es Millionen Vögel.

Bei Tankerhavarien, wie dem Unfall der „Torrey Canyon" im März 1967 mit einem Verlust von etwa 117 000 t Rohöl, werden die Küstenzonen mit riesigen Öllachen bedeckt. Damals gingen in wenigen Tagen 500 000 Vögel qualvoll zugrunde.

Das zum Boden abgesunkene Öl vernichtet die Bodenfauna, wie Muscheln, Schnecken, Krebse und viele andere Meerestiere. Nur allmählich wird es von Bakterien abgebaut.

„Der Meeresgrund, der für die Tierwelt als Nahrungsreserve dient, ist im Mittelmeer an vielen Stellen durch die Ölverschmutzung unbrauchbar geworden."
(Centre Scientifique de Monaco)

Besonders die küstennahen Gewässer, in denen die meisten Nutzfische sowie viele Krebse leben und die Austern wachsen, sind durch die Ölverschmutzung erheblich gefährdet. Trotz internationaler Abmachungen und Vorschriften ist die Ölverschmutzung für alle Meere eine ständig zunehmende Gefahr.

Der Persische Golf, ein Opfer der Ölpest

Früher war der Persische Golf ein Flachmeer mit einer reichen tropischen Meeresfauna. Korallenriffe und Korallenfische waren in diesem Meeresgebiet weit verbreitet. Das Wasser war kristallklar.

Heute sind der ganze nördliche und mittlere Teil des Persischen Golfes in einen Ölsumpf, hervorgerufen durch die Erdölförderung, verwandelt. Bodentiere können dort nicht mehr leben. Auch Freiwassertiere sind in dem trüben, milchigen Wasser selten geworden. Korallenriffe und damit auch die Korallenfische sind seit einigen Jahren verschwunden. Die Ölpest dehnt sich immer weiter nach Süden aus. In wenigen Jahren wird der ganze Persische Golf ein totes Nebenmeer sein.

Wasser – Mangelware

Grundwasser – Lebensspender aus der Tiefe

Wo das Grundwasser fehlt, schwindet das Leben. Die natürliche Umwelt ist weitgehend vom Grundwasserstand abhängig.

Heute reicht das Grundwasser bei weitem nicht mehr aus, um den Bedarf des Menschen an Trinkwasser zu decken. Man muß in zunehmendem Maße Oberflächenwasser verwenden. Mehr als 10 % des Trinkwassers und 60 % des Brauchwassers werden den Flüssen und Seen entnommen.

In manchen dicht besiedelten Gebieten, z. B. bei Frankfurt und im Ruhrgebiet, wird „künstliches Grundwasser" hergestellt, indem Flußwasser in eine bestimmte Landschaft gepumpt wird, dort versickert, im Boden einen gewissen Reinigungsprozeß durchmacht und als Grundwasser wieder aufgefangen wird. So wurde berechnet, daß im Ruhrgebiet das gleiche Wasser schon drei- bis zehnmal durch den menschlichen Körper gelaufen ist.

„Das Grundwasser hat einen Feind: die Zivilisation." (R. Demoll)

Durch Versickern von Abwässern wird das Grundwasser heute schon erheblich verunreinigt; versickertes Öl und Rückstände von Schädlingsbekämpfungsmitteln können das Grundwasser als Trinkwasser völlig unbrauchbar machen. Auch Hausmüll kann für das Grundwasser gefährlich werden: Aus 28 Millionen Kubikmeter Hausmüll (dem Jahresanfall an Müll einer Großstadt) werden im ersten Jahr 184 000 Tonnen Salze ausgewaschen. In ländlichen Gebieten sickern Kunstdünger in erheblichen Mengen durch den Boden und belasten das Grundwasser.

Im Schmutzwasser lauern Gefahren

Durch ungereinigte häusliche und gewerblich-industrielle Abwässer mit zahlreichen Giften, durch Mineralölprodukte, durch Einschwemmung von Kunstdüngern und Schädlingsbekämpfungsmitteln werden heute auch unsere Oberflächengewässer in starkem Maße verunreinigt.

Die meisten Bäche und Flüsse sind mit gesundheitsschädigenden Stoffen überladen und eine Bedrohung für das Leben von Pflanze, Tier und Mensch. Unsere Wasserläufe sind nicht mehr länger Stätten der Entspannung und Erholung, denn fast unerträglich ist oft die Geruchsbelästigung durch stinkende Chemikalien und Fäulnisgase, ekelerregend der Anblick der vom Wasser mitgeführten Schmutzmassen und an die Ufer gespülten, verwesenden Fischleichen als Folge zunehmenden Sauerstoffmangels in den Gewässern. Säuren, Laugen, Öle, Fette, Schwefelwasserstoff, Chloride, Cyanide, Phosphate, Schwermetalle, Phenole, organische Lösungsmittel, Desinfektions- und Waschmittel, Farbstoffe und radioaktive Substanzen müssen tagtäglich vom Wasser in insgesamt gigantischer Menge verfrachtet werden. Ständige Gefahrenherde bilden besonders die zahlreichen Erreger von Krankheiten: Viren, Salmonellen (Typhus-Paratyphus-Enteritis-Bakterien), Shigellen (Ruhrbakterien), Tuberkulose- und Cholerabakterien sowie Eier von schmarotzenden Würmern.

„Unsere Flüsse werden planmäßig zu Kläranlagen degradiert." (D. L. Allen)

Trotz der Konstruktion von Abwasserreinigungs-Anlagen durch die Industrie läßt deren Ausbau und Anwendung sowohl bei den Gemeinden als auch bei der Industrie noch erheblich zu wünschen übrig:
Von täglichen 14 Millionen Kubikmeter Abwässer der Gemeinden
bleiben   25% ungereinigt,
werden   40% ungenügend gereinigt,
etwa   11% nur teilbiologisch und
knapp   25% vollbiologisch gereinigt.
Von täglich etwa 32 Millionen Kubikmeter Industrieabwässer
bleiben   7% ungereinigt und werden
etwa   20% vollgereinigt,
          73% sind gemischt Kühlwasser mit Abwasser.

Unsere Flüsse haben heute nur noch eine geringe Bedeutung als Fischereigewässer: Die Edelfische sind meist verschwunden und was vorhanden ist, kommt wegen des schlechten Beigeschmacks kaum als Speisefisch in Betracht.

Die Flüsse sind in Zukunft als Trinkwasser-Reservoire von großer Bedeutung. Aus vergifteten Kloaken kann man aber Menschen nicht ohne erhebliche gesundheitliche Gefährdung versorgen. Das Wasser wird in Zukunft eine teure Mangelware sein.

„Das Wasser ist ein essentieller Bestandteil der Biosphäre. Erst durch das Wasser wird die Kontaktzone zwischen der Erdkruste und der darüber lagernden Lufthülle zu einem Raum, der Lebewesen hervorbringen und erhalten kann, und damit zur ‚Bio'-sphäre. Ohne Wasser wäre ein Leben, das wir auf der Erde nur in Form von Organismen kennen, genauso unmöglich wie ohne gebundenen Kohlenstoff."

(H. Sioli)

Gewässerbelastung durch Stickstoff- und Phosphorverbindungen

Die Elemente Stickstoff (N) und Phosphor (P) sind lebenswichtig und werden für zahlreiche biologische Kreisläufe und physiologische Prozesse benötigt. Stickstoff- und Phosphorverbindungen haben u. a. bei höheren Pflanzen eine entwicklungs- und wachstumsfördernde Wirkung und werden daher in großen Mengen als künstliche Düngemittel verwendet (Stickstoff vorwiegend als Salpeter und Ammoniumsulfat; Phosphor u. a. als Superphosphat und Thomasmehl).

Dank der Stickstoffdüngung wächst die Pflanze rasch und gut. Nach W. Schuphan ist dieses künstlich stimulierte Wachstum aber gekennzeichnet

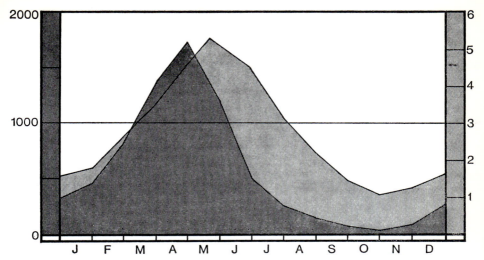

Beziehung zwischen der Regenmenge und Nitratkonzentration im Verlaufe eines Jahres im Sangamon-River im US-Staat Illinois. Dunkelgrau: Regenfall in der Umgebung des Flusses; hellgrau: Stickstoffgehalt des Wassers; Abszisse: Monate; linke Ordinate: Mittlere monatliche Regenmenge; rechte Ordinate: Mittlerer monatlicher Nitratgehalt im Flußwasser in mg/l. (Nach Commoner.)

durch „eine mehr oder minder starke Qualitätsminderung, die häufig mit Geschmackseinbußen verbunden ist. Damit gehen auch verminderte Widerstandskraft der Pflanze gegen Krankheit und Schädlinge einher, was wiederum den Anbauer zu einem verstärkten Einsatz von Pestiziden veranlaßt".

Langzeituntersuchungen, die von amerikanischen landwirtschaftlichen Untersuchungsämtern teilweise über einen Zeitraum von 50 Jahren durchgeführt wurden, haben als Folge der ständigen Stickstoff-Anwendung auch eine beträchtliche Wertminderung des Bodens nachweisen können. Nach dem Bericht der Missouri Agricultural Experiment Station (zitiert nach Commoner 1969) habe im Bereich der über Jahrzehnte mit Stickstoffdüngern behandelten Arealen der Gehalt an organischen Bestandteilen des Bodens deutlich abgenommen und sich die physikalische Beschaffenheit des Erdreichs merklich verschlechtert; es zeigte sich u. a. eine deutliche Abnahme der Durchlässigkeit sowie des Luftgehalts des Bodens.

Der in beträchtlicher Menge dem Land als „Kunstdünger" aufgetragene Stickstoff wird zu einem Teil vom Regen aus dem Boden gewaschen und fortgeschwemmt; er gelangt in die Gewässer. Das gleiche gilt für die Phosphorverbindungen.

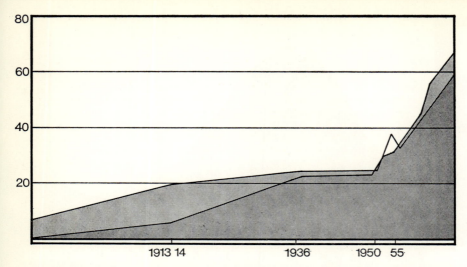

Verbrauch stickstoff- und phosphorhaltiger künstlicher Düngemittel in den Jahren 1889—1967 in Deutschland. Seit 1950 stieg hier der Mineraldüngerkonsum um weit mehr als das Doppelte des Verbrauchs der vorangegangenen 60 Jahre. Heller Kurvenbereich: Stickstoffdünger, dunkler Kurvenbereich: Phosphatdünger. (Nach Harth 1969.)

Diese wachstumsfördernden Stoffe bewirken in den Binnengewässern eine hemmungslose Entwicklung der Wasserpflanzen von den einzelligen Algen bis zu den Ufergewächsen. Als Folge solcher „Überfruchtbarkeit" ergeben sich für stehende Gewässer erhebliche Schwierigkeiten, die überdurchschnittlich angewachsene Pflanzenmenge nach ihrem Absterben wieder durch natürliche Abbauvorgänge zu beseitigen. Die dazu notwendigen im Wasser vorhandenen Sauerstoffvorräte werden aufgebraucht und der Abbauvorgang schließlich ganz gestoppt; es kommt zu Faulschlammbildung am Gewässergrund und starker Beeinträchtigung der Wassergüte: ein Gewässer „kippt um" (Eutrophierung). Auch die Ufer verschlammen und wachsen allmählich zu; diese Verlandung von Teichen und Seen kann von Nachteil für den Wasserhaushalt einer ganzen Landschaft sein.

Nährstoffauswaschungen und Versickerung nitrathaltigen Wassers in den Boden, als Folge überkonzentrierter künstlicher Düngemittelgaben, gefährden in starkem Maße auch das oberflächennahe Grundwasser und verändern nachteilig die Güte des daraus bezogenen Trinkwassers.

Jahrzehntelange Messungen des Nitratgehaltes von Brunnen und anderen Grundwasser-Entnahmestellen in Deutschland ergaben seit Benutzung von Kunstdünger ständig ansteigende Werte. Im Hessischen Ried betrug der Nitratgehalt um 1900 etwa 0—20 mg/l Grundwasser. Damals düngte man vornehmlich mit Jauche und Stallmist; heute werden dort fünfmal höhere Nitratmengen festgestellt. In intensiv bewirtschafteten Gemüse- oder Weinanbau-Gegenden der Bundesrepublik sind Nitratkonzentrationen von 300–1000 mg/l Grundwasser nicht selten. Sie liegen damit drei- bis zehnmal höher als die von der Weltgesundheitsorganisation mit 100 mg Nitrat/l empfohlene Höchstgrenze. Nach medizinischen Untersuchungen können aber schon Nitratgehalte von über 50 mg in einem Liter Trinkwasser bei Säuglingen bis zum 4. Lebensmonat Blausucht hervorrufen.

„Als typisches Beispiel für den Einfluß der Landwirtschaft sind die unzulässig hohen Nitratgehalte in den Trinkwasserbrunnen der Rheingaugemeinden zu nennen, die eindeutig auf zu hohe Düngergaben in den Weinbergen zurückzuführen sind." (J. Bock)

Auch die mit Abwässern belasteten Flüsse weisen infolge der eingeschwemmten Stickstoff- und Phosphormengen ein stärkeres Algenwachstum auf, welches die Anfälligkeit dieser Fließgewässer erhöht und besonders im Sommer rasch zu Sauerstoffmangel und Organismentod führen kann.

Um diese Umweltbelastungen abzubremsen, müßte die übermäßige Anwendung von Kunstdüngern eingestellt werden. Auch sollte nicht eine einmalige hohe Kunstdüngermenge, sondern mehrmals hintereinander im Jahr kleinere Düngergaben ausgebracht werden. Als Ausgleich könnten tierischer Dung, vermehrte Gründüngung, nährstoffreicher Kompost der Müllaufbereitung und kompostierter Trockenschlamm städtischer Kläranlagen dienen. Durch sie könnte der ausgelaugte Boden wieder mit Humus angereichert, die Umweltbelastung durch ein Übermaß an Stickstoff- und Phosphorverbindungen merklich vermindert und der Gesundungsprozeß der für Trinkwasserzwecke dringend benötigten Flüsse gefördert werden. Außerdem würde durch die Verwendung von Müllkompost und Klärschlamm ein biologisch sinnvoller Abbau anderer Umweltbelaster erfolgen.

„Bei dieser Sachlage erscheint es unverständlich, daß die organischen, zur Humusbildung befähigten Anteile des Mülls nicht sinnvoll unseren mehr und mehr an Humus verarmenden Böden in Landwirtschaft, Wein- und Gartenbau zugeführt werden. Humusmangel im Boden löst eine gefährliche Kettenreaktion aus, die wir gerade beginnen, in ihrer Tragweite zu erfassen. Humusmangel im Boden und die damit zusammenhängende fehlende mikrobielle Lebenverbauung der Bodenpartikel führen zu gefürchteten Bodenerosionen — namentlich bei Monokulturen in Hanglagen, z. B. im Weinbau — und — über den Mangel an absorptionsfähigen Humuspartikeln — zu Stickstoffüberdüngung mit leicht löslichen Nitraten. Dies wiederum hat abträgliche Wirkungen für Pflanze, Tier und Mensch zur Folge." (W. Schuphan, 1971)

Mineralöle verderben das Süßwasser

„Mineralöle" (energiereiche Erdöl-Produkte) sind aus unserem modernen Leben nicht mehr wegzudenken; wir begegnen ihnen auf Schritt und

Tritt. So nützlich sie für uns auch sind, so unangenehm und schädlich können sie sich in reinem oder gebrauchtem Zustand (Altöle) auf das Wasser auswirken. Tankschiff-Unfälle auf den Binnenwasserstraßen, Verkehrsunfälle von Tanklastzügen auf den Fernstraßen, Auslaufen undichter Öl-Lagerbehälter sind die häufigsten Ursachen der Ölverschmutzung von Oberflächen- und Grundwasser; hinzu kommen die nicht zu unterschätzenden Gefahren durch unsachgemäßes oder fahrlässiges Beseitigen und Verkippen von Ölen und deren Rückständen in das Erdreich, die Bäche, Flüsse, Teiche, Seen und die Kanalisation. Viele Autobesitzer führen den vorgeschriebenen Ölwechsel an ihren Wagen selbst durch und schütten bedenkenlos das Gebrauchtöl ins Wasser oder lassen es in den Erdboden versickern.

Mineralöle besitzen an sich keine akute Giftwirkung für den Organismus, obgleich subakut-chronische Erkrankungen nicht auszuschließen sind. Für die Tierwelt eines stillstehenden oder langsam fließenden Gewässers bedeutet allerdings schon ein dünner, geschlossener Ölfilm auf der Wasseroberfläche den Erstickungstod, denn die Sauerstoffzufuhr aus der Luft wird unterbrochen. Fischkiemen und das Gefieder von Wasservögeln werden von Öl verklebt; dies führt oft zum Absterben der Tiere; Kieselalgen und Rädertierchen werden durch Benzin- und Ölrückstände in ihrer Entwicklung gestört. Der biochemische Abbau von öligen Kohlenwasserstoffen geht im Wasser nur verzögert vor sich, führt dabei aber auch zu einer Zehrung des gelösten, lebensnotwendigen Sauerstoffs.

Fischereiwirtschaftliche Schäden entstehen durch die Geschmacksbeeinträchtigung des Fischfleisches: Bei Fischen, die in Wasser schwimmen, das zu einem $1/300\,000$ sten Teil mit Verbrennungsrückständen aus Benzin-Öl-Rückständen verunreinigt ist, läßt sich bereits eine geschmackliche Veränderung feststellen. $1/10\,000$ stel Prozent Mineralöl kann das Wasser für Trinkzwecke unbrauchbar machen.

Der Altölanfall in der Bundesrepublik Deutschland beträgt augenblicklich etwa 500 000 Tonnen pro Jahr; darin sind verbrauchte Motoröle, Bohr-, Schneid-, Zylinder-, Maschinen- und Heizöle sowie sonstige mineralölhaltige Stoffe enthalten. Ihre Beseitigung ist seit einigen Jahren bei uns gesetzlich geregelt: Am 23. Dezember 1968 wurde vom Bundestag ein Gesetz über Maßnahmen zur Sicherung der Altölbeseitigung beschlossen, das am 1. Januar 1969 in Kraft trat. Damit soll die schadlose Beseitigung von Altölen sichergestellt werden. Gewerbliche Betriebe, die mit der Abholung, Vernichtung oder Aufbereitung dieser Altöle beauftragt werden, erhalten aus dem „Rückstellungsfond zur Sicherung der Altölbeseitigung" finanzielle Zuschüsse vom Staat. Dennoch werden von findigen „Altölverwertern" gesetzgeberische Regelungen und wasserrechtliche Bestimmungen vielfach geschickt übergangen. Private, gegen das Grundwasser und das Flugwild nicht abgesicherte Kiesgruben werden als billige Altöldeponien benutzt. Gefüllte Altölteiche sind Schandflecke in der Natur und Todesfallen für Vögel und andere Tiere.

Keine Hoffnung für den Rhein?

Die Geschichte des Rheins als Fischgewässer

Früher war der Rhein eines der fischreichsten Gewässer Deutschlands. Rheinsalm, Rheinaal, Stör und andere Rheinfische galten als besondere Spezialitäten. Rheinfischer waren stets wohlhabende Leute. Es kam vor, daß an einer Stelle, z. B. bei Benrath, während einer Nacht Lachse im Wert von 3000 Goldmark gefangen wurden. Manche Gemeinde war durch den Fischfang reich geworden.

Bis 1765 war der Rhein so gut wie unberührt. Er hatte ein breites Flußbett mit zahlreichen Nebenarmen, vielen Inseln und weiten Überschwemmungsgebieten. Die natürlichen Verhältnisse des Flusses waren für den Fischbestand ideal (vor allem Rheinsalm, Aal, Stör, Maifisch).

1765−1850: Die Zeit der großen Korrekturen des Flußverlaufs, Begra-

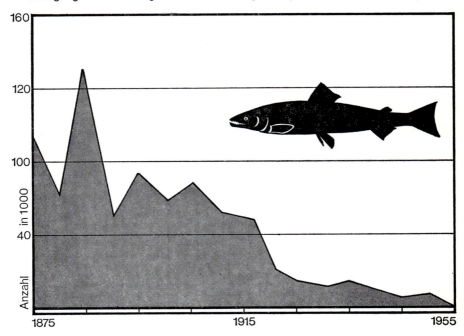

Rückgang des Lachsfangs im unteren Rheingebiet. (Nach Trahms, verändert.)

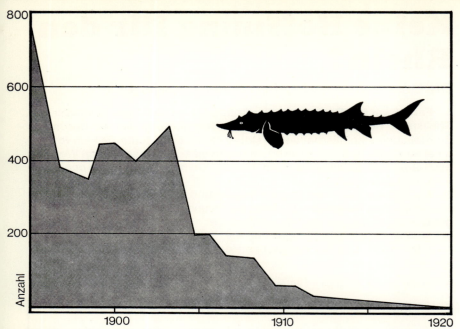

Rückgang des Störfangs der Holländer im Unterlauf des Rheins. (Nach Trahms, verändert.)

digung, totale Eindeichung und Uferbefestigung, Verlust vieler Altwässer. Beginnende Erschwernisse für die Fischerei.

1850—1920: Der Rhein wurde zur Großschiffahrtsstraße für den allmählich anwachsenden Dampfschiffahrtsverkehr. Entwicklung der Großstädte und Aufbau der Großindustrie mit großen Mengen ungeklärter Abwässer, die der Rhein aufnehmen mußte. Sehr starke Abnahme der wirtschaftlich wertvollen Wanderfische (Lachs, Stör, Maifisch), mit Ausnahme des Aales, der zunahm.

1920—1945: Weitere industrielle Aufwärtsentwicklung. Abbaggerung der Kiesablagerungen. Der Stör verschwindet ganz. Geschmacksminderung aller noch gefangenen Speisefische.

1945—1955: Nach kurzer Ruhephase Wiederaufbau der Industrie. Eutrophierung, Verölung, Vergiftung des Wassers. Der Rheinsalm verschwindet fast völlig; nur noch Aale vorhanden.

Ab 1955: Sehr starke Entwicklung von Industrie und Gemeinden. Jedoch Einführung der ersten Maßnahmen zur Abwasseraufbereitung. Die Verschmutzung nimmt zwar weiterhin zu, im Tempo aber geringer als zuvor. Keine Erholung der Fischbestände.

Gebt dem Rhein eine Chance!

Vier große Gefahren belasten den Rhein heute und in Zukunft immer mehr:
1. Abwässer der Kommunen und der Industrie (insbesondere der chemisch-pharmazeutischen Industrie).
2. Versalzung des Wassers (Kalibergbau, Landwirtschaft, Steinkohlenbergbau, Soda-Industrien).
3. Mineralöl-Verschmutzung, vor allem hervorgerufen durch Reinigung des Kielraumes (Bilge) der Schiffe im Strom (heute 18000 Schiffe).
4. Kühlwässer, von Industrieanlagen dem Rhein entnommen und dorthin aufgewärmt wieder zurückgegeben.

Diese ständigen Belastungen machen den Rhein, ehemals Lebensader Europas, heute zur schmutzigen und gefahrbringenden Abwasserrinne. Hier darf nicht resigniert werden! Rettet vor allem seine Altwässer und Seitenrinnen als die letzten Zonen natürlicher Regeneration.

Wir zeigen auf unserer Karte die Stromstrecke Mannheim – Mainz. Als Beispiel für viele weitere Strecken wählen wir gerade diesen Stromabschnitt, weil der nördliche Teil der Oberrhein-Ebene in baldiger Zukunft einen der großen städtischen und industriellen Ballungsräume in unserem Lande tragen wird. Dessen Existenz wird aber in erster Linie vom Zustand des Rheins (und im nördlichsten Teil, des Mains) abhängen.

In wenigen Jahren werden 18 Atomkraftwerke und viele andere Fabriken und Wärmekraftwerke konventioneller Bauart am Oberrhein stehen. Daher verdient gerade das **Kühlwasser-Problem** besondere Beachtung. Denn die Mengen des Kühlwassers, die der Fluß zu verkraften hat, werden ständig zunehmen (heute für den gesamten Rheinlauf: 15 Mia. m^3/Jahr).

Kühlwässer sind aus zwei Gründen für den Fluß gefahrbringend:

1. Die abgegebenen Kühlwässer erwärmen (auch bei Anwendung von Kühltürmen) den Rhein auf großen Strecken; diese Erwärmung kann das Klima des Oberrheingebietes beeinflussen und die Organismenwelt des Flusses verändern.

2. Da die Kühlwässer im Werk auf hohe Temperaturen gebracht werden, sterben nahezu alle eingesaugten Organismen (vom Plankton bis zu den Fischen) ab. Mit verwesenden Leichen beladen wird das Wasser in den Rhein zurückentlassen. Der Vorgang der Verwesung von Leichen aber verbraucht den Sauerstoff im Flußwasser, tötet dort weitere Organismen und führt zu Faulschlammbildung am Grund des Stromes, die den Wasseraustausch mit dem Grundwasser der Rheinebene unterbinden. Es kommt zu Zonen der Stagnation und mangelnder Durchlüftung der Grundwässer.

Um es zu wiederholen:

Altrheine und ihre Ufergebiete sind die letzten Zonen einer natürlichen Regeneration. Sie erhalten als intakte Ökosysteme eine ganz neue und wichtige Funktion in unserer geschundenen Landschaft und sind keine über-

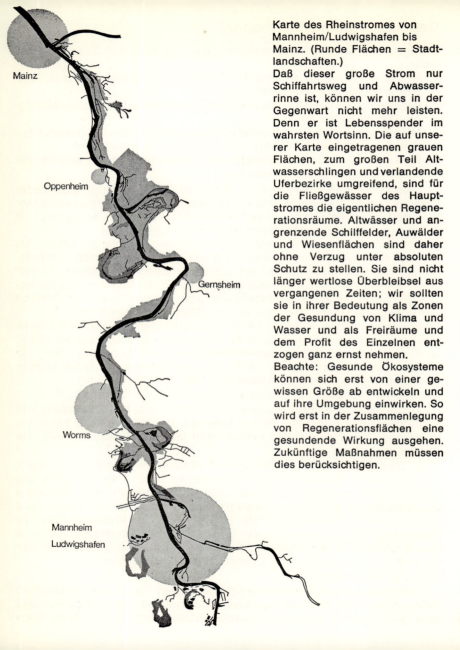

Karte des Rheinstromes von Mannheim/Ludwigshafen bis Mainz. (Runde Flächen = Stadtlandschaften.)

Daß dieser große Strom nur Schiffahrtsweg und Abwasserrinne ist, können wir uns in der Gegenwart nicht mehr leisten. Denn er ist Lebensspender im wahrsten Wortsinn. Die auf unserer Karte eingetragenen grauen Flächen, zum großen Teil Altwasserschlingen und verlandende Uferbezirke umgreifend, sind für die Fließgewässer des Hauptstromes die eigentlichen Regenerationsräume. Altwässer und angrenzende Schilffelder, Auwälder und Wiesenflächen sind daher ohne Verzug unter absoluten Schutz zu stellen. Sie sind nicht länger wertlose Überbleibsel aus vergangenen Zeiten; wir sollten sie in ihrer Bedeutung als Zonen der Gesundung von Klima und Wasser und als Freiräume und dem Profit des Einzelnen entzogen ganz ernst nehmen.

Beachte: Gesunde Ökosysteme können sich erst von einer gewissen Größe ab entwickeln und auf ihre Umgebung einwirken. So wird erst in der Zusammenlegung von Regenerationsflächen eine gesundende Wirkung ausgehen. Zukünftige Maßnahmen müssen dies berücksichtigen.

flüssigen und ohne Schaden zu vernachlässigende Areale. Die hier geforderten Maßnahmen zur Gesundung des Oberrheines durch Altrhein-Pflege sind landschaftsgestaltender Art und wirken auf solche Weise auf mehrere Faktoren zugleich ein.

Diese Altrheine und Stillwasserbezirke sind mit ihren Uferzonen
Gebiete der Klimagestaltung und der natürlichen Regelung gestörter Wassertemperaturen; sie sind
Gebiete des Grundwasseraustausches zwischen Fluß und Untergrund der Oberrhein-Ebene; sie sind
Gebiete, in denen der Wasserabfluß verlangsamt und Hochwässer gedämpft werden; sie sind
Gebiete der organischen Regeneration (Phyto- und Zoo-Plankton, Kleinlebewesen, Fischbrut, Vögel, Säugetiere); sie sind
Gebiete der körperlichen und seelischen Erholung des Menschen.

Wir fordern daher: Die Altrhein-Gebiete sollen in dieser zukünftigen Industrielandschaft als ein Verbundnetz gesunder ökologischer Landschaftszellen und lebendiger Inseln angesehen und so behandelt werden. Ihre Zerstörung wäre Selbstmord.

Wir fordern daher im einzelnen:

1. Alle natürlichen und noch mit dem Rhein in Verbindung stehenden Altwässer sind als Ganzes, d. h. mit den dazugehörigen Außendeichgebieten, unter absoluten Schutz zu stellen. Es ist ihre Verbindung mit dem Hauptstrom auf Dauer sicherzustellen.

2. Alle noch vorhandenen, aber ganz oder teilweise vom Hauptstrom abgeschnittenen Altwässer sind als Ganzes unter absoluten Schutz zu stellen, und es ist ihre Verbindung mit dem Hauptstrom wieder herzustellen.

3. Alle in Rheinnähe befindlichen Kiesgruben sind mit dem Hauptstrom in Verbindung zu bringen, zu regenerien und unter absoluten Schutz zu stellen.

4. Die noch vorhandenen und meistens mit Altwässern in Beziehung stehenden Auwälder und Schilffelder sind unter absoluten Schutz zu stellen und einer strengen Bewachung zu unterziehen.

Gewässerprojekt Untermain

Ein senckenbergisches Forschungsprogramm

Im Frühsommer 1970 begannen Wissenschaftler des Forschungsinstituts Senckenberg mit einer umfangreichen biologischen und ökologischen Untersuchung des Untermains. Es geht zunächst um die Frage, welche Tiere

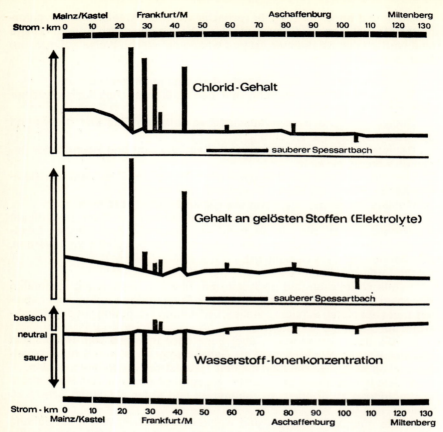

Beispiele für die physikalisch-chemische Wasserbeschaffenheit des unteren Mains, auf Unterlagen erster, noch vorläufiger Ergebnisse der senckenbergischen Main-Untersuchungen im Sommer und Herbst 1970 beruhend. Die drei Kurven setzen sich aus gemittelten Meßwerten zahlreicher Mainwasser-Proben von festgelegten Entnahmestellen zusammen. Die senkrechten Balken geben Zuflüsse wie Bäche, städtische und industrielle Abwässer und die Schwankungsbreite der dort ermittelten Meßdaten an. Man erkennt den negativen Einfluß der meisten Zuflüsse, besonders wenn man mit Analysenwerten eines sauberen Spessart-Baches vergleicht (waagrecht verlaufende Linien). Senkrechte Pfeile zeigen den Konzentrationsanstieg.

(Fische, Krebse, Asseln, Insektenlarven, Muscheln, Schnecken, bestimmte Würmer, Schwämme usw.) noch im Unterlauf zwischen Aschaffenburg und der Mündung vorkommen und welchen Umweltbedingungen sie ausgesetzt sind.

Die bisherigen, allerdings noch vorläufigen Ergebnisse waren für die Wissenschaftler recht unerwartet: Trotz einer erheblichen Einwirkung industrieller und kommunaler Abwässer wurden an vielen Abschnitten des Untermains noch zahlreiche Tiere gefunden. Nur in seinem untersten Bereich ist der Main ein nahezu totes Gewässer.

Diese Vorergebnisse besagen aber nicht, daß das Mainwasser in seinem jetzigen Zustand noch tragbar wäre. Da der Bedarf an Oberflächenwasser für den Menschen immer größer wird, ist eine grundsätzliche Entgiftung des Mains notwendig, was für Industrie und Kommunen noch mit einem erheblichen Kostenaufwand verbunden sein wird.

Unterstützt und gefördert werden die z. Z. durchgeführten Untersuchungen vom Fischereireferat des Hessischen Ministeriums für Landwirtschaft und Umwelt, von der Wasserschutzpolizei und den ortsansässigen Fischern. Die Kooperation mit Fachwissenschaftlern anderer Institute ist vorgesehen.

Erste Ergebnisse der Main-Untersuchungen

Die Untersuchung der physikalisch-chemischen Beschaffenheit eines Oberflächenwassers trägt wesentlich zur Unterstützung der biologischen Wasseranalyse bei. Anzahl, Art und Konzentration bestimmter „naturnaher" und „naturfremder" Gehaltsstoffe des Wassers ergeben meist sichere Anhaltspunkte für die Beurteilung des Reinheitsgrades und der davon abhängigen Existenzgrundlage für bestimmte Wasserlebewesen. Ständige oder auch stoßweise Einleitung giftiger Haus- und Industrieabwässer können ganze Gewässerabschnitte in organismisch tote Verödungszonen verwandeln.

Einige Wassertiere ertragen selbst stärkere Verschmutzung ihres Lebensraumes, andere verschwinden dagegen völlig. Selbst die weniger empfindlichen Arten führen einen verbissenen Kampf ums Dasein. In den dicht besiedelten, industriellen Ballungsgebieten sind große Teile des unteren Mains heute bereits tot. Weitere werden folgen, falls keine Maßnahmen eingeleitet werden, um das zu verhindern.

Die schwere Belastung des Untermains durch schädliche Zivilisationsabfälle ist beispielhaft für viele andere Flüsse in der Bundesrepublik. Sofortmaßnahmen sind notwendig, wollen wir nicht einer Katastrophe Vorschub leisten.

Der gesamte zum Land Hessen gehörende Flußabschnitt des Mains ist in sehr unterschiedlicher Weise verschmutzt, wobei je nach Abwasserzufuhr meist eine Gewässerseite stärker beeinträchtigt ist als die gegenüberliegende und deshalb auch entsprechende Unterschiede im Organismenbestand aufweist. Biologische Erholungs- und Verödungszonen wechseln ab.

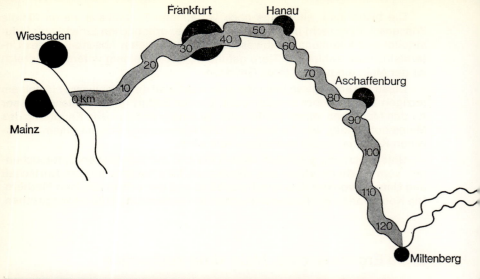
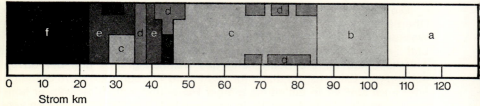

Der Untermain zwischen Miltenberg und der Mündung in den Rhein. Das Blockdiagramm soll einen Eindruck des unterschiedlichen Verschmutzungsgrades in diesem Flußabschnitt vermitteln. Es bedeuten: a = mäßig verschmutzt; b = mittel bis stark verschmutzt; c = stark verschmutzt; d = sehr stark verschmutzt; e = außergewöhnlich stark verschmutzt; f = biologische Verödungszonen.

Das friedliche Atom – ein Mythos?

Bisher beruhte die Energiegewinnung auf den fossilen Brennstoffen Kohle, Erdöl und Erdgas sowie auf der Wasserkraft. Die Zukunft gehört der in Kernreaktoren produzierten elektrischen Energie.

Kernkraftwerke in den USA. Viereck: Im Betrieb. Dreieck: Im Bau. Kreis: In der Planung.

In den USA bestehen bereits 17 kommerziell arbeitende Kernkraftwerke mit einer Leistung von je 100—200 Megawatt. Weitere 87 Atomkraftwerke, bis 1 000 Megawatt Leistung, sind im Bau oder in der Planung.

In Europa sind allein am Ober- und Mittelrhein und seinen Nebenflüssen 15—16 Atomkraftwerke vorgesehen. Das z. Z. im Bau befindliche Atomkraftwerk bei Biblis in Hessen wird mit etwa 1 150 Megawatt eines der größten Kraftwerke Europas sein.

Im Atomreaktor wird durch den Zerfall radioaktiver Substanzen Energie frei und in Wärme umgesetzt. Durch diese Hitze wird Wasser verdampft, mit dem Dampf werden in herkömmlicher Weise Turbinen angetrieben, die schließlich die Elektrizität erzeugen.

Gefahren durch die friedliche Nutzung der Atomenergie

1. Flußwasser-Erwärmung

Normalerweise benötigt ein Kernkraftwerk große Mengen Kühlwasser, die meist einem benachbarten Fluß entnommen werden. Folgen: Aufheizung des Flußwassers, dadurch Abnahme des Sauerstoffgehaltes im Wasser, außerdem Abtötung vieler Wasserlebewesen, Behinderung der biologischen Selbstreinigung und ein Verfaulen des Wassers, das dann für Trinkwasserzwecke nicht mehr verwendet werden kann (vgl. auch Seite 67).

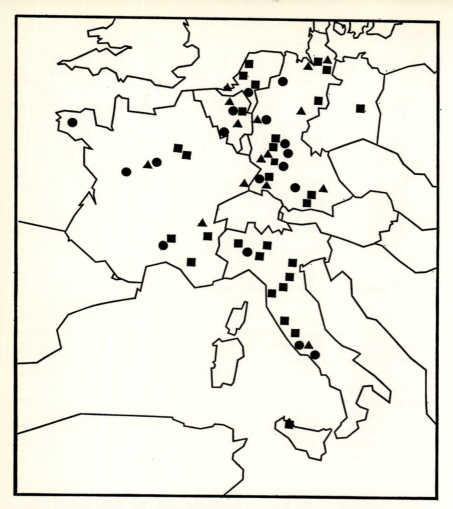

Kernforschungseinrichtungen und Kernkraftwerke in Westeuropa. Kreis: Kernkraftwerk bzw. Versuchskraftwerk in Betrieb. Dreieck: Im Bau befindliches Kernkraftwerk. Viereck: Kernforschungseinrichtung.

2. Atommüll

Bestimmte radioaktive Spaltprodukte, die Neutronen aufnehmen, führen allmählich zur Verschlackung des Reaktors. Dieser Atommüll muß auf automatischem Wege entfernt werden.

Atommüll ist äußerst gefährlich. Er kann 200 verschiedene Isotope enthalten. Manche der Spaltprodukte sind millionenfach giftiger als jede industriell hergestellte Chemikalie. In einem mittleren Atomreaktor (100−200 Megawatt) sammelt sich im Laufe von 6 Monaten im Atommüll allein an Strontium-90 eine Menge an, die eine 150-fach stärkere Strahlungswirkung als die Bombe von Hiroshima (etwa 100 000 Tote) hat.

Die radioaktiven Abfälle werden heute in Metallbehältern untergebracht und in Bergwerken oder Spezialbunkern gelagert.

Gefahren für die Umwelt durch radioaktive Abfallstoffe könnten entstehen, wenn Atommüll-Behälter leck werden oder die Lager durch Erdbeben, Kriegseinwirkungen oder Sabotage zerstört werden.

"Although atomic power and reactor technology are still imperfect sciences, saturated with hazards and unknowns, these reactors are going up in close proximity to heavy population concentrations. Most of them will be of a size never previously attempted by scientists and engineers. They are, in effect, gigantic nuclear experiments." (R. Curtis & E. Hogan)

3. Radioaktive Emissionen

Ein geringer Teil der anfallenden Spaltprodukte kann nicht als radioaktiver Abfall abgefiltert werden, sondern gelangt bei jedem Reaktor, Kernkraftwerk usw. als Emission in die Luft und das Wasser der Umgebung. Diese Verunreinigungen der Umwelt enthalten äußerst gefährliche Isotope, insbesondere das Edelgas Krypton-85.

Die Mengen dieser regelmäßig abgelassenen radioaktiven Überreste sind zwar stets so gering, daß es normalerweise beim Menschen nicht zu einer akuten gefährlichen Strahleneinwirkung kommen kann. Trotzdem sind diese Emissionen sehr bedenklich.

"The actual experience with reactors in general is still quite limited, and with large reactors of the type now being considered, it is nonexistent."
(H. Price, Direktor bei der US-Atom-Energie-Kommission)

4. Radio-Isotope im Nahrungskreislauf

Bestimmte Lebewesen nehmen aus der Umwelt radioaktive Substanzen auf, speichern sie in ihren Körpern und geben sie in der Nahrungskette an andere Lebewesen weiter.

Beispiel: Radioaktivität der Wasserlebewesen des Columbia-Rivers bei Hanford, Washington, unterhalb eines Kernkraftwerkes:
Flußwasser: Radioaktivität spurenhaft
Plankton: Radioaktivität 2 000-fach stärker
Fische: Radioaktivität 15 000-fach stärker
Enten: Radioaktivität 40 000-fach stärker
junge Schwalben (mit Wasserinsekten gefüttert); Radioaktivität 500 000-fach stärker
Eidotter von Wasservögeln: 1 000 000-fach stärker.

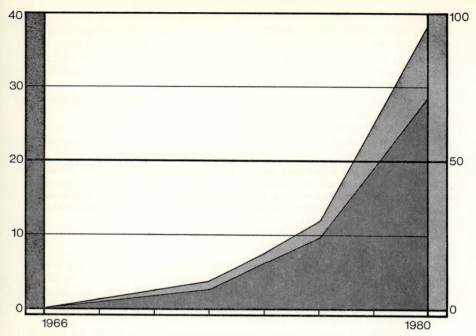

Die mögliche Zunahme der radioaktiven Emission aus Kernkraftwerken der Bundesrepublik bis 1980, in Beziehung gesetzt zur installierten Leistung. Hellgrau und rechte Ordinate: Radioaktive Immissionen (10^3 Curie). Dunkelgrau und linke Ordinate: Installierte Leistung N_{el} (10^3 MW). (Nach Hasserodt, verändert.)

5. Radioaktive Gefährdung des Menschen

Der Mensch kann radioaktive Substanzen durch die Nahrung (tierische und pflanzliche Kost, Eier, Milch usw.), aber auch direkt aus der Umwelt aufnehmen.

Im menschlichen Organismus lagern sich bestimmte Isotope ebenfalls ab und reichern sich allmählich an.

Beispiel für Isotop-Ablagerungen:

Jod-131	in der Schilddrüse
Cobalt-60	in der Leber
Strontium-90	in den Knochen
Blei-210	in den Knochen
Caesium-137	in den Muskeln
Radium-226	in den Knochen
Plutonium-239	in den Knochen

Thorium-22   in den Knochen
Uran-23   in den Nieren
Krypton-85   im Fettgewebe und fettähnlichen Substanzen (Lipoiden) des ganzen Körpers, besonders auch im Nervengewebe (Gehirn) und in den Keimdrüsen.

Von amerikanischen Medizinern konnte nachgewiesen werden, daß Krebs, Leukämie, Hirnerkrankungen, Grauer Star, Kindersterblichkeit, Sterilität, genetische Defekte und Mutationen Folgen geringer, aber wiederholter radioaktiver Bestrahlung sein können.

Was kostet der Umweltschutz ?

Die Kur der schwer erkrankten Umwelt ist eine kostspielige Angelegenheit. Die Verseuchung unserer Gewässer muß gebremst und allmählich beendet werden; zur Reinigung der Luft müssen nicht nur abgasfreie Automobile entwickelt, sondern auch die Schornsteine der Fabriken und Privathäuser frei gemacht werden von Ruß und giftiger Abluft; die Müllhalden, die vielerlei Gefahren in sich bergen, müssen in sinnvoller Weise beseitigt werden. Doch diese und viele andere Aufgaben des Umweltschutzes sind mit hohen Unkosten verbunden.

„Der technische Fortschritt, der uns teuer genug zu stehen kam, zwingt uns heute, unter ungleich höheren Opfern zurückzugewinnen, was wir um seinetwillen vernachlässigt hatten." (H. D. Genscher)

Nach den jüngsten Berechnungen offiziell bestellter Sachverständiger müssen in den nächsten zehn Jahren die Gemeinden und die Industrie allein für die Abwasserreinigung jährlich 5–6 Milliarden DM aufbringen; als Nachholbedarf werden 23 Milliarden angesetzt, für das laufende industrielle und kommunale Wachstum weitere 38 Milliarden DM veranschlagt. Ferner haben Wirtschafts-Wissenschaftler errechnet, daß für den gesamten Umweltschutz – also die Reinigung von Wasser und Luft sowie die Müllbeseitigung – Bund, Länder, Gemeinden und Industrie jährlich insgesamt etwa 10 Milliarden DM aufbringen müssen.

Zwar muß ein erheblicher Teil dieser Beträge nach dem „Verursacherprinzip" von den eigentlichen Verschmutzern getragen werden. Doch sollte sich jeder von uns darüber im klaren sein, daß ein Großteil der Kosten letzten Endes dem Steuerzahler aufgebürdet wird: direkt als Steuern und indirekt als Preiserhöhungen. Allein für Abwasserreinigung und Trinkwasseraufbereitung wird der Bundesbürger jährlich einen zusätzlichen Unkostenbeitrag von 150 DM aufbringen müssen, was etwa der vier- bis fünffachen Summe dieses Betrages je Steuerzahler entspräche.

Hinsichtlich der Kosten für die Beseitigung der gesamten Umweltbelastung wird ein jährlicher pro-Kopf-Betrag von 170 bis 200 DM veranschlagt.

Der Abbau der Umweltverschmutzung wird also viel Geld kosten und einen jeden von uns finanziell empfindlich treffen. Der bisherige und der zukünftige technische Fortschritt wird uns teuer zu stehen kommen. Doch haben wir nur die Wahl zwischen der Durchführung eines konsequenten Umweltschutzes und der Heraufbeschwörung einer vielfältigen, weltweiten Gefahr, die die Existenz der Menschheit und mit ihr vieler anderer Lebewesen sowie unseres gesamten Ökosystems und somit der Biosphäre aufs Spiel setzt.

„Napoleon hat den Satz geprägt, daß Politik Schicksal sei. Es entsprach dem Geist des beginnenden zwanzigsten Jahrhunderts, daß Walter Rathenau sagen konnte: Wirtschaft ist Schicksal. Es würde uns und unseren Zeitgenossen gut anstehen, wenn wir erkennen wollten: ‚Biosphäre ist Schicksal'." (E. Holtzmann)

Bilanz

Ziehen wir aus den hier in aller Nüchternheit gegebenen Fakten Bilanz. Sie ist, auf die Gegenwart gesehen, zum Erschrecken und greift ans Herz. Sie nimmt, auf die Zukunft gesehen, die Hoffnung; das ist schlimmer.

Umwelt 2000: bis zu diesem Jahr 2000, das ist in 30 Jahren, wird sich unter heutigen Voraussetzungen die Menschheit verdoppeln. Das hat unausweichliche Konsequenzen:

Die Ernährung dieser hohen Bevölkerung auf dem Planeten Erde muß sichergestellt werden, und dies gelingt nur durch eine Industrialisierung der Erde im Ganzen unter einheitlichen Gesichtspunkten.

Mit dieser globalen Industrialisierung und mit den gestiegenen Anforderungen für eine ausreichende Ernährung dieser nach der Zahl gewachsenen Menschheit steigt der Wasserbedarf ins Immense. Er ist letzten Endes aus den heutigen Gegebenheiten zu decken.

Ernährung bei Verdoppelung der Bevölkerung, globale Industrialisierung, Deckung des Wasserbedarfs machen neue Energiequellen nötig.

Alle diese unausweichlichen Gegebenheiten bedeuten eine ungeheure Belastung unserer Umwelt, genauer: der uns tragenden Natur mit ihren Bodenschätzen und Humusschichten, den Meeren und der Lufthülle und mit den belebten Ökosystemen. Allein in der Pflege dieser natürlichen Grundlagen, in ihrer Erhaltung und in ihrer gezielten Steigerung liegen die eigentlichen Voraussetzungen für Ernährung, Industrialisierung, vermehrte Wasser- und Energiewirtschaft.

Die Menschheit wäre wissenschaftlich und technisch in der Lage, diese hier aufgezählten Forderungen zu erfüllen. Doch nach den Erfahrungen der letzten Jahre und nach der Art, wie der Mensch auf alle einsichtigen Vorschläge und Versuche reagiert, die natürliche Umwelt und ihre Leistungskraft trotz notwendiger Eingriffe zu schützen, zu steigern und durch vernünftiges Handeln neue Wege zu beschreiten, scheinen ihr die moralischen Kräfte zu fehlen, diese Aufgaben entschlossen auf sich zu nehmen. Wie reagiert die Menschheit auf diese Anforderungen heute? Durch Bagatellisierung der offensichtlichen Krankheitssymptome, durch Gleichgültigkeit und Egoismus, durch gespielte Ahnungslosigkeit, durch scheinbare Maßnahmen in der notwendigen Richtung, durch Forschheit an der falschen Stelle, durch Gewinnsucht auf Kosten der Allgemeinheit, durch fahrlässiges Handeln, durch Lässigkeit und mangelnden Mut im Durchführen erkannter Notwendigkeiten.

Es wäre vertane Zeit, die Schuld auf einzelne — etwa auf „die Industrie", etwa auf „den Verkehr", etwa auf „die Städte und Kommunen" usw. — zu schieben, Prügelknaben auszumachen und damit sich selber reinzuwaschen. Dies wäre die falsche Art, in dieser fast hoffnungslosen Lage zu reagieren. Denn wir alle sitzen im gleichen Boot und zehren nur zu gern von den in jedem Fall auf Kosten der Ökosysteme geschaffenen Errungenschaften unserer Zivilisation und unseres wirtschaftlichen Fortschritts.

Um es ganz deutlich zu sagen, was zu tun wäre: Wir hätten ab heute als Menschheit gegenüber Zusammenhängen und Tatsachen moralisch zu handeln, gegenüber denen — und deshalb ist dieser Anfang so schwer — die Menschheit in ihrer Vergangenheit noch niemals so hat handeln müssen. Wir haben uns an ganz neue Wertmaßstäbe zu gewöhnen.

Mit der Veränderung der Welt und mit den damit verbundenen und bisher noch niemals abverlangten Forderungen hat sich der Mensch selber nicht geändert. Er bleibt der alte. Wie er in Egoismus und sträflichem Leichtsinn, in Lässigkeit und mangelndem Mut verharren kann, so sind ihm, wie Beispiele lehren, auch Besonnenheit, Verantwortungsgefühl, Ernst, Mut und Tatkraft eigen.

Hierin liegt die Hoffnung.

Schrifttum

Die in diesem Textbuch und in der senckenbergischen Sonderausstellung gegebenen Fakten entstammen einem Studium der einschlägigen Literatur der letzten Jahre. Das hier zur Verfügung stehende Schrifttum geht bereits in die Tausende von Einzelveröffentlichungen; täglich erscheinen neue Publikationen. Zusammenfassungen fehlen zur Zeit leider noch. Versuche der Dokumentation dieses Schrifttums liegen bereits vor oder sind in Bearbeitung.

In diesem Rahmen war es indessen nicht möglich (und wohl auch nicht angebracht), diese vorhandene Literatur in allen ihren Originalzitaten aufzuführen. Wir möchten aber dem Leser, der in den Stoff weiter eindringen will, Hinweise auf die wichtigste und weiterführende Literatur nicht vorenthalten.

Albrecht, E. et al. (1969): Endlagerung radioaktiver Rückstände. — Schr.-Reihe Dtsch. Atomforum, **16**: 1-43.
Aldrich, D. G. (1968): World food and population crisis. — Science, **162**: 1309-1310.
Altenmüller, G. H. (1971): Das unheimliche flüssige Metall. — Dtsch. Forschungsdienst, **18** (1): 1-3.
An der Lan, H. (1969): Vergiften wir unsere Umwelt? — Bild der Wiss., **6**: 1948-1957.
Andres, O. (1970): Die wirtschaftliche Beurteilung der Abfallkompostierung, des Kompostabsatzes und der Kompostanwendung. — Schr.-Reihe Dtsch. Rat. Landespflege, **13**: 49-53.
Anonym (1962): Atomgefahren. Was stimmt? Was kommt? Was tun? — 240 S., Seebruck a. Chiemsee (Heering-Verlag).
Anonym (1968): Chemikalien in unserer Umwelt. Aufgaben der ökologischen Chemie. — Nachr. Chem. Techn., **16**: 44-46.
Anonym (1969): Zur Behandlung von Abfalldeponien. — Schr.-Reihe Landschaftspflege Naturschutz, 4/69, Teil II: 73-96.
Anonym (1970): Angst vor friedlichen Atomen. — X-unsere welt heute, 4/70: 8-14.
Anonym (1970): Dicke Luft — Umwelt in Gefahr. — X-unsere welt heute, 8/70: 10-11.
Anonym (1970): Kommt eine neue Eiszeit? — X-unsere welt heute, 12/70: 26-30.
Anonym (1970): Wasserversorgung der Zukunft. — Umwelt, **1**: 12.
Anonym (1970): Verfahren der automatischen Luftuntersuchung. — Umwelt, **1**: 26.
Anonym (1970): Ölpest im Sargassomeer. — Umwelt, **1**: 27.
Anonym (1970): Klärschlamm wird verbrannt. — Umwelt, **1**: 28.
Anonym (1970): Nützliche Anwendung von DDT. — Naturwiss. Rundsch., **23**: 472.
Anonym (1970): Knoblauch als Insektizid. — Naturwiss. Rundsch., **23** (10): 430.
Anonym (1970): Man's impact on the global environment. Assessment and recommendations for action. Report of the Study of Critical Environmental Problems (SCEP). — 319 S., Cambridge, Mass. (MIT Press).
Anonym (1970): Unser verseuchter Planet. — 79 S., Düsseldorf (Ambassador College).
Anonym (1971): Bedrohte Tierarten. — Naturwiss. Rundsch., **24** (1): 30-31.
Anonym (1971): Gesundheitsgefährdung durch biologische Schädlingsbekämpfung? — Naturwiss. Rundsch., **24** (4): 171.
Anonym (1971): Ökologische Wirkungen des Vietnam-Krieges. — Naturwiss. Rundsch., **24** (2): 73-75.
Anonym (1971): Umweltforschung. Aufgaben und Aktivitäten der DFG 1950 bis 1970. — 185 S., Bonn-Bad Godesberg (DFG).
Anonym (1971): Umweltprogramm der Bundesregierung. — „betrifft", **9**: 1-88.
Anonym (1971): Umweltradioaktivität und Strahlenbelastung. Jahresbericht 1970. — Schr.-Reihe Kernforschung, **4**: 1-168 (Bundesminist. Bild. Wiss.).
Anonym (1971): Umweltschutz (I). Wasserhaushalt, Binnengewässer, hohe See und Küstengewässer. — Zur Sache. Themen parlamentarischer Beratung, 3/71. — 215 S., Bonn (Presse- u. Inform. zentr. Dtsch. Bundestag).
Anonym (1971): Wasserverschmutzung beeinträchtigt Kaviarproduktion. — Naturwiss. Rundsch., **24** (4): 169.
Anonym (1971): Zersetzbare Kunststoffe. — Naturwiss. Rundsch., **24** (2): 76.

Ant, H. (1969): Biologische Probleme der Verschmutzung und akuten Vergiftung von Fließgewässern, unter besonderer Berücksichtigung der Rheinvergiftung im Sommer 1969. — Schr.-Reihe Landschaftspflege Naturschutz, 4/69, Teil II: 97-126.

Ant, H. (1969): Die Verschmutzung des Meeres durch Öl und Detergentien und ihre biologische Bedeutung. — Schr.-Reihe Landschaftspflege Naturschutz, 4/69, Teil II: 127-156.

Ant, H. (1969): Das Naturschutzarchiv der Bundesanstalt für Vegetationskunde, Naturschutz und Landschaftspflege. — Natur u. Landsch., **44** (11): 310-313.

Arzt, T. (1971): 300 000 Straßenunfälle durch Wild — eine maßlose Übertreibung. — Naturw. Rundsch., **24** (9): 398-399.

Aurand, K., Delius, J. & Schmier, H. (1960): Bestimmung der mit Niederschlag und Staub dem Boden zugeführten Radioaktivität (Topfsammelverfahren). — Schr.-Reihe Ver. Wasser Boden Lufthyg., **17**: 1-31.

Bäckström, J. (1967): Distribution of mercury compounds in fish and birds. — In: The mercury problem, Oikos Suppl., **9**: 30-31.

Balke, S. (1968): Die Bedeutung des Wassers in der modernen Industriegesellschaft. — Schr.-Reihe Ver. Dtsch. Gewässerschutz, **18**: 1-16.

Barr, J. (Hrsg.) (1971): The environmental handbook. — 326 S., New York (Ballantine Books / Friends of the Earth).

Barthelmess, A. (1959): Gefährliche Dosis? Erbgesundheit im technischen Zeitalter. — 189 S., Freiburg/Br. (Herder).

Bartsch, W. (1969): Raumordnung und Stadtplanung als Voraussetzung für das Leben künftiger Generationen. — Das Leben, **6** (2-3): 46-49.

Bauer, U. (1971): Abbau von Pestiziden bei der Langsamsandfiltration. — Schr.-Reihe Ver. Wasser Boden Lufthyg., **34**: 131-136.

Bechert, K. (1971): Sind Kernkraftwerke notwendig und risikofrei? — Das Leben, **8** (5-6): 120-124.

Berg, K. (1953): Denkschrift über Vorschläge zum Reinhalten des Mains von Obernburg bis zur Mündung. — Hrsg. Der Regierungspräsident Wiesbaden, 83 S.

Berg, W., Johnels, A., Sjöstrand, B. & Westermark, T. (1966): Mercury content in feathers of Swedish birds from the past 100 years. — Oikos, **17**: 71-83.

Berge, G. (1969): Predicted effects of fertilizers upon the algae production in Fern Lake. — Fisk Dir. Skr. Ser. Havunders., **15**: 339-355.

Berkoff, C. E. (1970): Synthetic Juvenile Hormone and „Synthetic Juvenile Hormone". — Science, **168** (3939): 1607.

Bernadotte, L. (1970): Stellungnahme des Deutschen Rates für Landespflege zum Problem der Behandlung von Abfällen. — Schr.-Reihe Dtsch. Rat. Landespflege, **13**: 5-8.

Bernatzky, A. (1968): Schutzpflanzungen zur Luftreinigung und Besserung der Umweltbedingungen. — Baum-Zeitung, **2** (3): 37-42.

Bernatzky, A. (1969): Stadtklima und Bäume. — Baum-Zeitung, **3** (3): 43-47.

Bernatzky, A. (1969): Grünflächen in den Städten und ihre Bedeutung. — Das Leben, **6** (2-3): 49-51.

Bernatzky, A. (1970): Grünflächen und Stadtklima. — Städtehyg., **21** (6): 131-135.

Besch, W. (1966): Biologischer Zustand und Abwasserbelastung der Fließgewässer Nordbadens. — Beitr. naturk. Forsch. SW-Deutschl., **25** (2): 141-154.

Besch, W. (1967): Biologischer Zustand und Abwasserbelastung der Fließgewässer Südwürttembergs. — Veröffentl. Landesst. Natursch. Landespflege Baden-Württemberg, **35**: 111-128.

Besch, W., Richard, M. & Cantin, R. (1970): Utilisation des Diatomées benthiques comme indicateur des pollutions minières dans le bassin de la Miramidi N. W. — Techn. Rep. Fish. Res. Board Canada, **202**: 1-72.

Besch, W. & Roberts-Pichette, P. (1970): Effects of mining pollution on vascular plants in the Northwest Miramichi River system. — Canad. J. Bot., **48**: 1647-1656.

Besch, W. & Juhnke, H. (1971): Un nouvel appareil d'étude toxicologique utilisant des carpillons. — Annal. Limnol., **7** (1): 1-6.

Bethge, H., Löbner, A., Nehls, H., Kettner, H. & Lahmann, E. (1957): Außenlufthygiene. 1. Folge. — Schr.-Reihe Ver. Wasser Boden Lufthyg., **12**: 1-53.

Bethge, H., Büsscher, M., Zinkernagel, H. & Löbner, A. (1958): Außenlufthygiene. 2. Folge. — Schr.-Reihe Ver. Wasser Boden Lufthyg., **13**: 1-36.

Beynon, K. I. (1971): The fate and effects of Frescon molluscicide in aquatic systems. — Schr.-Reihe Ver. Wasser Boden Lufthyg., **34**: 95-107.

Birke, G., Plantin, L.-O., Johnels, A. G., Sjöstrand, B. & Westermark, T. (1967): Hg i livsmedel (3): Methylkvicksilverförgiftning genom förtäring av fisk? — Läkartidningen, **64**: 3268-3637.

Bitman, J., Cecil, H. C. & Fries, G. F. (1970): DDT-induced inhibition of avian shell gland carbonic anhydrase: a mechanism for thin eggshells. — Science, **168** (3931): 594-596.

Blumenbach, D. (1971): Pestizide in der Umwelt. Eine Bibliographie über Nebenwirkungen, Rückstände und Schutzmaßnahmen. — Mitt. biol. Bundesanstalt Land- und Forstwirtschaft, **141**: 1-146.

Blumer, W. (1969): Bleidepots bei Anwohnern einer Autostraße. — Med. Neuheiten, **75**: 63-68.

Bock, J. (1971): Gewässerverunreinigung. — Schr.-Reihe Inst. Naturschutz Darmstadt, **10** (2): 27-38.

Böhlmann, D. (1971): Müllgrube Meer? — Kosmos, **67** (7): 276-282.

Bollvik, R. & Segnostam, M. (1969): Gäst i Naturen. — En skrift om allemansrätten utgiven av Svenska Naturskyddsföreningen. Stockholm (SNF).

Borg, K., Wantorp, H., Erne, K. & Hanko, E. (1966): Mercury poisoning in Swedish wildlife. — J. appl. Ecol. Suppl., **3**: 171-172.

Bormann, F. H. & Likens, G. E. (1970): The nutrient cycles of an ecosystem. — Sci. American, **223** (4): 92-101.

Borneff, J. (1971): Hygiene. Ein Leitfaden. — dtv, wiss. Reihe, **4088**: 296 S., Stuttgart (Thieme).

Brander, T. (1971): Über die Kultur und ihre Beziehungen zum Naturschutz. — Das Leben, **8** (7-8): 156-157.

Braun, W. & Dönhardt, A. (1970): Vergiftungsregister. Haushalts- und Laborchemikalien, Arzneimittel. Symptomatologie und Therapie. — Stuttgart (Thieme).

Brechtel, H. M. (1969): Wald und Abfluß — Methoden zur Erforschung der Bedeutung des Waldes für das Wasserdargebot. — Dtsch. Gewässerkundl. Mitt., Sonderheft: 24-31.

Brechtel, H. M. (1971): Wald und Wasser. — Bild d. Wiss., **8** (11): 1150-1158.

Breitenstein, R. (1970): Wir müssen nicht im Dreck ersticken, Umweltschutz in der Bundesrepublik. — 236 S., Düsseldorf, Wien (Econ).

Briejer, C. J. (1970): Silberne Schleier. Gefahren chemischer Bekämpfungsmittel. — 274 S., München (Biederstein).

Bruns, H. (1971): Grundsätzliche Bemerkungen zum Entwurf neuer Gesetze im Umwelt- und Lebensschutz. — Das Leben, **8** (7/8): 142-143.

Bryerton, G. (1970): Nuclear dilemma. — 138 S., New York (A Friends of the Earth / Ballantine Book).

Buchanan, D. V., Millemann, R. E. & Stewart, N. E. (1970): Effects of the insecticide Sevin on various stages of the Dungeness crab, Cancer magister. — J. Fisher. Res. Board Canad., **27**: 93-104.

Bürger, K. (1970): Zur Problematik der Einwegflasche. — Schr.-Reihe Dtsch. Rat. Landespflege, **13**: 21-22.

Cairns, J. (1971): Thermal pollution — a cause for concern. — J. Water Poll. Contr. Fed., Wash., **43** (1): 55-66.

Cairns, J. (1971): Application of aquatic ecological information for water pollution control in the chemical industry. — Industr. Proc. Des. Wat. Pollut. Contr., **3**: 4-10.

Cairns, J., Beamer, T., Churchill, S. & Ruthven, J. (1971): Response of protozoans to detergent-enzymes. — Hydrobiol., **38** (2): 193-205.

Cairns, J., Crossman, J. S., Dickson, K. L. & Herricks, E. E. (1971): The effect of major industrial spills upon stream organisms. - 26. Purdue Industr. Waste Conf. — Purdue Univ. Engineer Bull.: 24 S.

Cairns, J. & Dickson, K. L. (1971): A simple method for the biological assessment of the effects of waste discharges on aquatic bottom-dwelling organisms. — J. Wat. Pollut. Contr., **43** (5): 755-772.

Carlson, S. (1969): Virusvorkommen im Rohabwasser, Abwasserschlamm und Ablauf biologischer Kläranlagen. — Zentralbl. Bakteriol. Parasitenkde. Infektionskrankh. Hyg. (I), **212**: 50-60.

Carson, R. (1970): Der stumme Frühling. — München (Biederstein).

Carthy, J. D. & Arthur, D. R. (1968): The biological effects of oil pollution on litoral communities. — Proc. Symp. Orielton Field Centre, 1968: 1-198.

Coale, A. J. (1970): Man and his environment. — Science, **170**: 132-136.

Commoner, B. (1968): Threats to the integrity of the nitrogen cycle: Nitrogen compounds in soil, water, atmosphere and precipitation. — Ann. meet. Amer. Assoc. Adv. Sci. 1968 (Manuskript).

Commoner, B. (1969): Man's environment: How it affects his health behavior. — Ann. meet. Amer. Publ. Health Assoc. 1969 (Manuskript).

Commoner, B. (1969): The ecological facts of life. — 13. Nat. Conference U. S. Nat. Commiss. UNESCO, San Francisco, 1969 (Manuskript).

Commoner, B. (1969): The social significance of environment pollution. — Explorer, **11**: 17-20.

Commoner, B. (1969): Frail reeds in a harsh world. — J. Amer. Mus. Nat. Hist., **78**: 44-45.

Commoner, B. (1969): Evaluat in the biosphere. — Sci. J., Oct. 1969: 67-72.

Commoner, B. (1969): Survival in the environmental-population crisis. — Ann. meet. Amer. Soc. Advanc. Sci., Boston, 23 S. (Manuskript).

Commoner, B. (1970): The environment crisis: facing the consequences. — 1970 Publ. Aff. Symp. (Manuskript).

Commoner, B. (1970): Science and survival. — 177 S., New York (Ballantine Books).

Commoner, B. (1971): Fehler im Aufeinandertreffen von Umwelt und Technik. — Heidelberger Portländer, **1**: 44-45.

Conway, G. R. (1969): A consequence of insecticides. Pests follow the chemicals in the Cocoa of Malaysia. — J. Amer. Mus. Nat. Hist., **78**: 46-51.

Cox, J. L. (1970): Accumulation of DDT residues in Triphoturus mexicanus from the Gulf of California. — Nature, **227**: 192-193.

Cox, J. L. (1970): DDT residues in marine phytoplankton: increase from 1955 to 1969. — Science, **170**: 71-73.

Curds, C. R. & Cockburn, A. (1970): Protozoa in biological sewage-treatment processes. I. A survey of the protozoan fauna of British percolating filters and activated sludge-plants. — Water Res., **4**: 225-236.

Curds, C. R. & Cockburn, A. (1970): — II. Protozoa as indicators in the activated sludge process. — Water Res., **4**: 237-249.

Curtis, R. & Hogan, E. (1969): The myth of the peacefull atom. — J. Amer. Mus. Nat. Hist., **78**: 6-16, 71-76.

Dahlqvist, L.-Å. (1970): Kulturlandskapet. En skrift utgiven av Svenska Naturskyddsföreningen. Stockholm (SNF).

De Bell, G. (1970): The environmental handbook. Prepared for the first National Environmental Teach-in. — 367 S., New York (A Friends of the Earth / Ballantine Book).

Deichmann, W. B. (1969): Rentention of organochlorine pesticides in certain diseases. In: Aspekte der chemischen und toxikologischen Beschaffenheit der Umwelt. — S. 152-155, Stuttgart (Thieme).

Demoll, R. (1954): Ketten für Prometheus. Gegen die Natur oder mit ihr? — 248 S., München (Bruckmann).

Demoll, R. (1957): Früchte des Meeres. — Reihe Verständl. Wissenschaft, **64**: 142 S. Berlin, Göttingen, Heidelberg (Springer).

Dornbusch, M. (1970): Akute Einflüsse von Insektiziden auf Vögel. — Naturschutz u. naturk. Heimatforsch. Bez. Halle u. Magdeburg, **7** (1/2): 18-28.

Dorst, J. (1966): Natur in Gefahr. — Zürich (Zürich Orell Füssli).

Dotsch, E., Friedrichs, H. A., Merkel, W. (1971): Anwendung von Abwärme aus Kernkraftwerken bei der Abwasserreinigung und -aufbereitung. — Pro aqua-pro vita '71, Sonderheft (1971).

Drescher, N. (1971): Überlegungen der Pflanzenschutzmittel-Industrie zur Bearbeitung von Unterlagen über die potentielle Grundwasserverunreinigung durch Wirkstoffrückstände. — Schr.-Reihe Ver. Wasser Boden Lufthyg., **34**: 51-56.

Dubos, R. (1970): Der entfesselte Fortschritt. — Bergisch Gladbach (Gustav Lübbe).

Durbaum, H.-J. & Lillich, W. (1969): Zur Bestimmung der Grundwasser-Neubildung als einer der Grundlagen für wasserwirtschaftliche Planungen. — Dtsch. Gewässerkdl. Mitt., Sonderheft.

Egli, E. (1970): Natur in Not. — Stuttgart (Hallwag).

Ehrlich, P. R. (1968): The coming famine. — Nat. Hist., **77**: 6-15.

Ehrlich, P. R. (1968): The population bomb. — 223 S., New York (Ballantine Books).

Ehrlich, P. R. (1969): The Eco-catastrophe. — 23 S., San Francisco (City Light Books).

Ehrlich, P. R. (1970): Wir sind dabei, den Stern Erde zu ermorden. — Tier, **6**: 34-39.

Ehrlich, P. R. & Ehrlich, A. H. (1970): Population, resources, environment. — 383 S., San Francisco.

Ehrlich, P. R. & Harriman, R. L. (1971): How to be a survivor. — 202 S., New York (A Friends of the Earth / Ballantine Book).

Ellwein, T. (1971): Zukunftsorientierte Landespflege-Politik. — Schr.-Reihe Inst. Naturschutz Darmstadt, **10** (2): 15-27.

Eloranta, P. (1970): Pollution and aquatic flora of waters by sulphite cellulose factory at Mänttä, Finnish lake District. — Ann. bot. fenn., **7**: 63-141.

Elster, H.-J. (1966): Über die limnologischen Grundlagen der biologischen Gewässerbeurteilung in Mitteleuropa. — Verh. int. Ver. Limnol., **16**: 759-785.

Endström, R. (1970): Grus. En skrift om grusår och grus-exploatering utgiven av Svenska Naturskyddsföreningen. Stockholm (SNF).

Engelhardt, W. (1969): Laßt uns leben! Die biologischen Daten der Großstadt. — X-unsere Welt heute 9/69: 30-36.

Epel, D. (1970): The death of the oceans. — Lunch. Addr. Commonw. Club Calif. 13. 3. 1970, 12 S.

Epel, D. & Lee, W. L. (1970): DDT and other persistent chemicals in the marine ecosystem. — Hopkins Marine Station, California (als Manuskript veröffentlicht).

Erz, W. (1970): Naturschutz und Landschaftspflege in Stichworten. — 24 S. Verl. Arbeitsgem. Dtsch. Beauftr. Natursch. Landschaftspfl., Bonn-Bad Godesberg.

Farkasdi, G., Golwer, A., Knoll, K., Matthess, G. & Schneider, W. (1969): Mikrobiologische und hygienische Untersuchungen von Grundwasserverunreinigungen im Unterstrom von Abfallplätzen. — Städtehyg., **2**: (ohne Paginierung).

Filteau, G. (1959): Effets des vaporasitions aériennes ou DDT sur les insectes aquatiques. — Naturaliste Canad., **86**: 113-128.

Finke, H.-O. & Martin, R. (1970): Fluglärmmessungen in Wohngebieten. — Kampf dem Lärm, **17** (1): 11-15.

Follmann, H. (1968): Heiße Sommer für Amerikas Flüsse. Das „Temperaturfeld" des Wassers wird durch Kraftwerke gestört. — Kosmos, **8**: 271-273.

Ford, H. R., Lofgren, C. S., Patterson, R. S., Weidhaas, D. E. (1970): Suppression and elimination of an island population of Culex pipiens quinquefasciatus with sterile males. — Science, **168** (3937): 1368-1369.

Franz, J. M. (1960): Die biologische Schädlingsbekämpfung im neuzeitlichen Pflanzenschutz. — Z. Pflanzenkrankheiten Pflanzenschutz, **76**: 449-460.

Franzky, U. (1971): Ein Leitfaden der Technologie: Was versteht man unter Luftreinhaltetechnik? — Pro aqua-pro vita '71, Sonderheft (1971).

Frey, H. W. (1971): California's living marine resources and their utilization. — 148 S. (Dep. Fish Game, Calif.).

Gajewski, E. & Nöthlich, K. (1968): Die Verunreinigung des Rheins und seiner wichtigsten Nebenflüsse in der Bundesrepublik Deutschland. Stand Ende 1965. — Wasser Boden, **10**: 271-274.

Ganser, K. (1971): Gesellschaftspolitische Konsequenzen zum Umweltschutz. — Das Leben, **8** (7-8): 154-156.

Gennerich, S. (1951): Die Verunreinigung von Main und Rhein, ausgedrückt in quantitativer Bestimmung der treibenden Abwasserpilze. — Wasserwirtschaft, **42**: 180-182.

George, J. L. & Frear, D.E.H. (1966): Pesticides in the Antarctic. — J. appl. Ecol., Suppl., **3**: 155-167.

Georgii, H.-W. (1968): Über die Einwirkung meteorologischer Parameter auf die Immissionskonzentration luftverunreinigender Komponenten. — Arch. techn. Messen (ATM), Bl. V 723-30: 257-262.

Georgii, H.-W., Busch, E. & Weber, E. (1967): Untersuchungen über die zeitliche und räumliche Verteilung der Immissions-Konzentration des Kohlenmonoxid in Frankfurt am Main. — Ber. Inst. Meteor. Geophys. Univ. Frankfurt a. M., **11**: 1-60.

Georgii, H.-W., Dommermuth, H. & Weber, H. (1968): Untersuchungen der SO_2-Konzentrationsverteilung einer Großstadt in Abhängigkeit von meteorologischen Einflußgrößen. — Ber. Inst. Meteor. Geophys. Univ. Frankfurt a. M., **14**: 1-55.

Gerwin, R. (1971): Wie sicher sind Atomkraftwerke. — Westermanns Monatsh., Januar 1971: 85-88.

Giban, J. (1953): Toxicité d'ingestion du chlorure mercurique et de deux produits fongicides à base de méthoxyéthyl mercure. — Ann. Epiphyt., **4**: 1-11.

Giebler, G. (1970): Versuche zur Verbesserung des Rheinuferfiltrats durch Belüftung. — Schr.-Reihe Ver. Wasser Boden Lufthyg., **33**: 41-56.

Glagow, M. & Murswieck, A. (1971): Umweltverschmutzung und Umweltschutz in der Bundesrepublik Deutschland. — das parlament (Beilage) B 27/71: 3-31.

Goerss, H. (1970): Unser täglich Gift. — 95 S., Bellnhausen (Hinder & Deelmann).

Golwer, A. & Matthess, G. (1969): Qualitative Beeinträchtigung des Grundwasserdargebotes durch Abfallstoffe. — Dtsch. Gewässerkundl. Mitt., Sonderheft: 51-54.

Golwer, A., Matthess, G. & Schneider, W. (1970): Selbstreinigungsvorgänge im aeroben und anaeroben Grundwasserbereich. — Vom Wasser, **36**: 64-92.

Gorbach, S. & Knauf, W. (1971): Endosulfan und Umwelt — Das Rückstandsverhalten von Endosulfan in Wasser und seine Wirkung auf Organismen, die im Wasser leben. — Schr.-Reihe Ver. Wasser Boden Lufthyg., **34**: 85-93.

Graham, F. jr. (1971): Seit dem „Stummen Frühling". — 317 S., München (Biederstein).

Greve, P. A. & Verschuren, H. G. (1971): Die Toxizität von Endosulfan für Fische in Oberflächengewässern. — Schr.-Reihe Ver. Wasser Boden Lufthyg., **34**: 63-67.

Groß, F. J. (1971): Zum Problem des biologischen Gleichgewichts in Naturschutzgebieten. — Schr.-Reihe Inst. Naturschutz Darmstadt, **10** (2): 90-104.

Gutsche, H. (1970): Abwässer bedrohen uns. — X-unsere welt heute, 9/70: 40-44.

Hachenberg, F. (Hrsg.) (1966): Wald in der Raumordnung. — Schr. Evang. Akad. Hess. Nass., **66**: 1-228.

Hachenberg, F. (1970): Die Sicherung des Erholungsraumes als Lebensbedingung für die moderne Industriegesellschaft. — Der Forst- und Holzwirt, **25** (14): 293-294.

Hässelbarth, U., Ludemann, D., Maaßen, W. (1970): Versuche über die Reinigungswirkung von Binsen (Scirpus lacustris) bei der Trinkwasseraufbereitung. — Schr.-Reihe Ver. Wasser Boden Lufthyg., **33**: 7-18.

Hannerz, L. (1968): Experimental investigations on the accumulation of mercury in water organisms. — Rep. Inst. Freshw. Drottningholm, **48**: 120-176.

Hantzsch, S., Lahmann, E. (1970): Ammoniak-Bestimmungen in Großstadtluft. — Schr.-Reihe Ver. Wasser Boden Lufthyg., **33**: 35-39.

Harlacher, R. (1965): Bedrohte Lebensordnung. — München (Wirtschaftsverlag).

Harth, H. (1969): Der Einfluß von Land- und Forstwirtschaft auf den Grundwasserchemismus. — Dtsch. Gewässerkundl. Mitt., Sonderheft: 58-62.

Hass, G. (1971): Die Eutrophierung der Edertalsperre und ihre Folgen. — Fischwirt, **21** (1): 1-9.

Hassenstein, D. (1958): Der Mensch und seine Umwelt. — 173 S., Gütersloh (Bertelsmann).

Hasserodt, U. (1969): Umweltprobleme bei der Energieumwandlung heute und morgen. In: Aspekte der chemischen und toxikologischen Beschaffenheit der Umwelt. — S. 51-63, Stuttgart (Thieme).

Haux, E. H. (1971): Verborgenes Gift am Arbeitsplatz. — Naturwiss. Rundsch., **24** (3): 120.

Heimpel, A. M. (1967): Insektenvirus-Präparate zur mikrobiologischen Schädlingsbekämpfung. — Umschau, Heft 23: 759-763.

Heller, A. (1960): Luftverunreinigung und Abhilfemaßnahmen. — Schr.-Reihe Ver. Wasser Boden Lufthyg., **16**: 18-26.

Heller, A. & Kettner, H. (1969): Forschungsarbeiten über Blei in der Luft und in Staubniederschlägen. — Schr.-Reihe Ver. Wasser Boden Lufthyg., **29**: 1-61.

Henriksson, R. (1968): The bottom fauna in polluted areas of the Sound. — Oikos, **19**: 111-125.

Henriksson, R. (1969): Influence of pollution on the bottom fauna of the Sound (Öresund). — Oikos, **20**: 507-523.

Henselmann, R. (1969): Gewässerkundliche Untersuchungen im Zusammenhang mit wasserwirtschaftlichen Planungen, gezeigt am Sonderplan „Abfluß Mangfall". — Dtsch. Gewässerkdl. Mitt. (1969), Sonderheft.

Herbst, H. V. (1971): Untersuchungen zur Toxizität von Endosulfan auf Fische und wirbellose Tiere. — Schr.-Reihe Ver. Wasser Boden Lufthyg., **34**: 69-75.

Herzel, F. (1971): Spezifische Probleme bei der Rückstandsuntersuchung in Gewässern. — Schr.-Reihe Ver. Wasser Boden Lufthyg., **34**: 117-123.

Hesler, A. von (1971): Die lufthygienisch-meteorologische Modelluntersuchung in der Region Untermain. — Natur u. Museum, **101**: 118-123.

Heuss, K. (1970): Zur Flora und Fauna des Niederrheines und deren Bedeutung für Betrachtungen über die Wassergüte. — Gewässerschutz Wasser Abwasser, **3**: 267-275.

Hillesheim-Kimmel, U. (1970): Die Naturschutzgebiete Hessens. — Schr.-Reihe Inst. Naturschutz Darmstadt, **10** (1): 1-211.

Höffken, F. (1970): Probleme der Müllbeseitigung und -behandlung. — Schr.-Reihe Dtsch. Rat Landespflege, **13**: 9-15.

Hoffmann, D. (1969): Der Einfluß forstlicher Bestockung auf Bodenfeuchte und Grundwasserneubildung. — Dtsch. Gewässerkundl. Mitt., Sonderheft: 31-36.

Holcomb, R. W. (1970): Power generation: the next 30 years. — Science, **167** (3915): 159-160.

Holcomb, R. W. (1970): Radiation risk: a scientific problem? — Science, **167** (3919): 853-855.

Holcomb, R. W. (1970): Insect control: alternatives to the use of conventional pesticides. — Science, **168** (3930): 456-458.

Holden, A. V. (1970): Source of polychlorinated biphenyl contamination in the marine environment. — Nature, **228** (5277): 1220-1221.

Holden, A. V. & Marsden, K. (1967): Organochlorine pesticides in seals and porpoises. — Nature, **216**: 1274.

Holmes, D. C., Simmons, J. H. & O'G Tatton, J. (1967): Chlorinated hydrocarbons in British wildlife. — Nature, **216**: 227.

Holst, H.-A. (1970): Rädda naturen. Naturvårdens problem och möjligheter. — Stockholm (Bonniers).

Holtzmann, E. (1970): Umweltschutz und Eigentum. — Natur u. Museum, **100**: 563-571.

Huber, L. (1969): Über den Gehalt an anionaktiven Tensiden in Oberflächengewässern. — Wasser Abwasser-Forsch., **5**: 1-9.

Hurtig, H. (1969): Ecological chemistry implications of the use of pesticides. In: Aspekte der chemischen und toxikologischen Beschaffenheit der Umwelt. — S. 73-83, Stuttgart (Thieme).

Hutchinson, G. E. (1970): The biosphere. — Sci. American, **223** (3): 45-53.

Hynes, H.B.N. (1963): The biology of polluted water. — Liverpool (Univ. Press).

Irving, G. (1970): Agricultural pest control and the environment. — Science, **168** (3938): 1419-1424.

Jacobi, C. (1969): Die menschliche Springflut. — 211 S., Berlin (Ullstein).

Jager, K. W. (1970): Aldrin, Dieldrin, Endrin, and Telodrin. An epidemiological and toxicological study of long term occupational exposure. — 236 S., Amsterdam, London, New York (Elsevier Publ. Comp.).

James, G. V. (1970): The water problem and its possible solution. — Int. J. environm. stud., **1**: 47-52.

Jensen, S. (1966): Report of a new chemical hazard. — New Scientist, **32**: 612.

Jensen, S. & Jernelöv, A. (1969): Biological methylation of mercury in aquatic organisms. — Nature, **223**: 753-754.

Jensen, S., Johnels, A. G., Olsson, M. & Otterlind, G. (1969): DDT and PCB in marine animals from Swedish waters. — Nature, **224**: 247-250.

Johansen, C. (1969): The Bee poisoning hazard from pesticides. — Washington Agricult. Exper. Stat., College of Agriculture, Washington State Univ. Bull., **709**: 1-8.

Johnels, A. G., Westermark, T., Berg, W., Persson, P. I. & Sjöstrand, B. (1967): Pike (Esox lucius L.) and some other aquatic organisms in Sweden as indicators of mercury contamination in the environment. — Oikos, **18**: 323-333.

Johnels, A. G., Edelstam, C., Olsson, M. & Westermark, T. (1968): Kvicksilver som miljögift i Sverige. — Fauna och Flora, **5**: 172-185.

Johnels, A. G., Olsson, M. & Westermark, T. (1968): Esox lucius and some other organisms as indicators of mercury contamination in Swedish lakes and rivers. — Bull. Off. int. Epiz., **69**: 1439-1452.

Johnson, D. R. (1969): Malaria eradication: what it has achieved. — Mosquito News, **29** (4): 523-532.

Johnson, D. W. (1968): Pesticides and fishes. — A review of selected literature. — Transact. Amer. Fisher. Soc., **97**: 398-424.

Johnston, R. (1970): The decomposition of crude oil residues in sand columns. — J. Mar. biol. Ass. U. K., **50**: 925-937.

Jones, J. R. E. (1964): Fish and river pollution. — 203 S., London (Butterworths).

Jorissen, H. D. (1970): Abgaskarten von Ballungsgebieten. — Umwelt, **1**: 2-5.

Kade, G. (1971): Ökonomische und gesellschaftspolitische Aspekte des Umweltschutzes. — Gewerksch. Monatshefte 5/71: 3-15.

Kämpfer, M. (1968): Gefährdung der freilebenden Tierwelt durch Verkehr und Technik. — Bibliographie Nr. 14 der Bundesanstalt f. Vegetationskde., Naturschutz u. Landschaftspflege, 22 S. Bad Godesberg.

Kämpfer, M. (1969): Pestizide. Nebenwirkungen auf die freilebende Tierwelt. Teil I. Wild und Vögel. — Bibliographie Nr. 18 der Bundesanstalt f. Vegetationskde., Naturschutz u. Landschaftspflege, 31 S. Bad Godesberg.

Kämpfer, M. (1969): Pestizide. Nebenwirkungen auf die freilebende Tierwelt. Teil II. Fische, Wasserorganismen und Lebewesen im Boden. Bibliographie Nr. 19 der Bundesanstalt f. Vegetationskde, Naturschutz u. Landschaftspflege, 44 S. Bad Godesberg.

Kämpfer, M. (1970): Ölverschmutzung, Ursachen — Folgen — Abwehr. — 2. erw. Aufl., Bibliographie Nr. 16 der Bundesanstalt f. Vegetationskde, Naturschutz u. Landschaftspflege, 56 S. Bad Godesberg.

Kahn, H. & Wiener, A. (1968): Ihr werdet es erleben. — München (Molden).

Karbe, A. (1968): Gewässerschäden durch Ablagerung von Abfallstoffen. 2. Aufl. — Schr.-Reihe Ver. Dtsch. Gewässerschutz, **16**: 1-19.

Kayser, M. (1969): Die Verunreinigung der Nordsee. Die Bedeutung häuslicher Abwässer für das Meer. — Umschau, **69** (10): 299-303.

Kehoe, R. A. (1918): Lead intake from food and from the atmosphere. — Science, **159**: 1000.

Keil, J. E. & Priester, L. E. (1969): DDT uptake and metabolism by a marine diatom. — Bull. environm. Contamin. Toxicol., **4**: 169-173.

Kelsey, J. M. (1969): Insecticidal effects on some soil organisms. — Proc. 22nd. N. Z. Weed & Pest Contr. Conf.: 268-274.

Kempf, T. (1970): Die Bedeutung der Bestimmung organischer Stoffe im Wasser. — Schr.-Reihe Ver. Wasser Boden Lufthyg., **33**: 105-115.

Kempf, T., Ludemann, D. & Pflaum, W. (1967): Verschmutzung der Gewässer durch motorischen Betrieb, insbesondere durch Außenbordmotoren. — Schr.-Reihe Ver. Wasser Boden Lufthyg., **26**: 1-47.

Kikuth, R. (1969): Höhere Wasserpflanzen und Gewässerreinhaltung. — Schr.-Reihe Vereinig. Dtsch. Gewässerschutz EV-VDG, Nr. 19.

Kinne, O. (1968): Internationales Symposium „Biologische und hydrographische Probleme der Wasserverunreinigung in der Nordsee und angrenzenden Gewässern". — Helgoländer wiss. Meeresunters., **17**: 1-530.

Kinne, O. & Rosenthal, H. (1967): Effects of sulfuric water pollutants on fertilization, embryonic development and larvae of the hering, Clupea harengus. — Marine Biol., **1**: 65-83.

Klapper, H. (1964): Die „dritte Reinigungsstufe" und das Problem der Eutrophierung von Seen und Trinkwasserspeichern. — Wiss. Z. Karl-Marx-Univ. Leipzig, math. nat. Kl., **13** (1): 54-60.

Klausewitz, W. (1970): Kraftfahrzeuge und Luftverschmutzung. — Natur u. Museum. **100**: 374-375.

Klausewitz, W. (1970): Chlorkohlenwasserstoffe und das Meer. — Natur u. Museum, **100**: 417-423.

Klausewitz, W. (1970): Bevölkerungszunahme — ein Weltproblem. — Natur u. Museum, **100**: 581-588.

Klausewitz, W. (1971): Was kostet uns der Umweltschutz? — Natur u. Museum, **101**: 104-117.

Klausewitz, W. (1971): Der Preis für eine saubere Welt. — Kosmos, **67** (9): 232-236.

Klee, O. (1970): Reinigung industrieller Abwässer. — 176 S. Chemie-Monographien, Stuttgart (Kosmos).

Klee, O. (1971): Wie stirbt ein Fluß? — Kosmos, **67**: 11-15.

Klein, A. (1971): Reine Luft. Die Verschmutzung der Luft und die technischen und praktischen Möglichkeiten zur Wiederherstellung reiner Luft. — Kälte Wärme Klima Aktuell, **5**: 165 S., Karlsruhe (C. F. Müller).

Klein, J. F. (1968): Wasser in Not. Eine Million Liter Wasser — verseucht von einem Liter Öl. — Kosmos, **9**: 353-403.

Klett, M. (1971): Die landwirtschaftliche Betriebsgemeinschaft Dottenfelderhof. — Natur u. Museum, **101**: 132-137.

Kliefoth, W. (1969): Atomreaktoren. — Schr.-Reihe Dtsch. Atomforum, **2**: 1-115.

Klimmer, O. R. (1964): Pflanzenschutz- und Schädlingsbekämpfungsmittel. Abriß einer Toxikologie und Therapie von Vergiftungen. — Hattingen/Ruhr (Hundt).

Klotter, H. E. & Hantge, E. (1970): Abfallbeseitigung und Grundwasserschutz. — Schr.-Reihe Dtsch. Rat. Landespflege, **13**: 54-59.

Knipling, E. F. (1963): Die Selbstvernichtungsmethode der Schädlingsbekämpfung. — Umschau, **20**: 632-636.

Knöpp, H. (1954): Ein neuer Weg zur Darstellung biologischer Vorfluteruntersuchungen, erläutert an einem Gütelängsschnitt des Maines. — Wasserwirtschaft, **45**: 9-15.

Knöpp, H. (1955): Abwasserlastplan und biologischer Gütelängsschnitt — ein kritischer Vergleich. — Die Wasserwirtschaft, **46**: 57-59.

Knöpp, H. (1969): Neuere Untersuchungen über die Wirkung von Kühlwasser auf die Selbstreinigung. — Dtsch. Gewässerkundl. Mitt., Sonderheft: 63-69.

Koeman, J. H., Oskamp, A. A. G., Veen, J., Brouwer, E., Rooth, J., Zwart, P. V. D. Broek, E. & Genderen, H. von (1967): Insecticides as a factor in the mortality of the Sandwich Tern (Sterna sandvicensis). — Medel. Rijksfac. Landbouw-Wetens. Gent., **32**: 841-854.

Koeman, J. H. (1967): Vogelsterfte door landbouwvergiften. — Landbouwvoorlichting, **24** (11): 399-404.

Koeman, J. H., ten Noever de Brauw, M. C. & de Vos, E. H. (1969): Chlorinated biphenyls in fish, mussels and birds from the river Rhine and the Netherlands coastal area. — Nature, **221**: 1126.

König, D. (1969): Biologisch-landschaftliche Aspekte bei wasserwirtschaftlichen Maßnahmen an Fließgewässern. — Dtsch. Gewässerkundl. Mitt., Sonderheft: 75-81.

König, D. (1971): Gesichtspunkte des Schutzes der Binnengewässer am Beispiel Schleswig-Holsteins. — Natur und Museum, **101**: 281-291.

Kolbe, W. (1965): Welternährung und Pflanzenschutz. — Unser Werk, Werkzeitschrift der Bayer AG, **51** (Heft 10).

Kolkwitz, R. (1950): Oekologie der Saprobien. Über die Beziehungen der Wasserorganismen zur Umwelt. — Schr.-Reihe Ver. Wasser Boden Lufthyg., **4**: 1-64.

Kollath, W. (1959): Der Mensch oder das Atom? — 130 S., Freiburg/Br. (Hyperion).

Konow, G. (1971): Müssen Freiheit und Eigentum der Erhaltung unserer natürlichen Lebensgrundlagen geopfert werden? — Das Leben, **8** (7-8): 148-152.

Koppe, E., Krüger, J., Matschat, K. & Müller, E.-A. (1970): Die Vorausberechnung des in der Umgebung von Flughäfen zu erwartenden Fluglärms. Neuere Ergebnisse über den Einfluß der wichtigsten Parameter. — Kampf dem Lärm, **17** (1): 1-7.

Koppe, P. (1970): Grundlegende Überlegungen und Untersuchungen über die hydrochemischen Beziehungen zwischen Flußwasser und dem Wasser ufernaher Brunnen. — Schr.-Reihe Ver. Wasser Boden Lufthyg., **33**: 129-142.

Koppernock, F. (1971): Die Reinigung industrieller Abwässer am Beispiel der Kläranlage der E. Merck, Darmstadt. — Schr.-Reihe Ver. Wasser Boden Lufthyg., **34**: 143-146.

Korte, F., Klein, W. & Drefahl, W. (1970): Technische Umweltchemikalien, Vorkommen, Abbau und Konsequenzen. — Naturwiss. Rundschau, **23**: 445-457.

Kosmowski, A. (1971): Strahlenanwendungen — auch eine Frage der Sicherheit. — Pro aqua-pro vita '71, Sonderheft.

Krämer, K. (1969): Pflanzenschutz-Warndienst im Obstbau. — Der Erwerbsobstbau, **11**: 94-96.

Kraut, A. (1969): Kernstrahlungsmeßtechnik. — Schr.-Reihe Dtsch. Atomforum, **17**: 1-76.

Kraybill, H. F. (Hrsg.) (1969): Biological effects of pesticides in mammalian systems. — Ann. New York Acad. Sci., **160** (1): 1-422.

Kurth, G. (1969): Technische Zivilisation. — Stuttgart (Fischer).

Lack, D. (1954): The natural regulation of animal numbers. — Oxford (Univ. Press).

Lack, D. (1967): Population studies of birds. — Oxford (Univ. Press).
Lahmann, E., Morgenstern, W. & Grupinski, L. (1967): Schwefeldioxid-Immissionen im Raum Mannheim/Ludwigshafen. — Schr.-Reihe Ver. Wasser Boden Lufthyg., **25**: 1-29.
Lahmann, E. & Möller, M. (1970): Chlorid-Immissionsmessungen in der Umgebung einer Müllverbrennungsanlage. — Schr.-Reihe Ver. Wasser Boden Lufthyg., **33**: 29-33.
Lahmann, E. & Westphal, J. (1970): Untersuchungen über die Korrelation zwischen Schwefeldioxid- und Fluorid-Immissionen. — Schr.-Reihe Ver. Wasser Boden Lufthyg., **33**: 25-28.
Landell, N.-E. (1968): Fågeldöd fiskhot kvicksilver. — Stockholm (Aldus).
Landell, N.-E. (1970): Biocider. En skrift om gifter i naturen utgiven av Svenska Naturskyddsföreningen. Stockholm (SNF).
Lane, C. E. & Livingston, R. J. (1970): Some acute and chronic effects of Dieldrin on the Sailfin Molly, Poecilia latipinna. — Transact. Amer. Fisher. Soc., **99** (3): 489-495.
Lauer, H. (1971): Die Beseitigung von Kunststoffabfällen. — Bundesgesundh. Bl., **19**: 269-273.
Lave, L. B. & Seskin, E. P. (1970): Air pollution and human health. — Science, **169**: 723-733
Laven, H. (1970): Neue Wege der Schädlingsbekämpfung. — Umschau, **70**: 678-679.
Leentvaar, P. (1970): Aspects biologiques de la protection des eaux. — La Sucrerie Belge, **89**: 83-88.
Leibrand, K. (1970): Verkehrsplanung 1948-1970-1990. — Umwelt, **1**:6-8.
Leibundgut, H. (Hrsg.) (1971): Schutz unseres Lebensraumes. — Symposium an der Eidgenössischen Techn. Hochschule in Zürich vom 10. bis 12. Nov. 1970. — 524 S., Frauenfeld u. Stuttgart (Verl. Huber).
Leonhardt, H. W. (1970): Möglichkeiten der Verwertung von Abfällen. — Schr.-Reihe Dtsch. Rat. Landespflege, **13**: 25-34.
Leopold, L. B. & Davis, K. S. (1970): Wasser. — 190 S., Reinbeck b. Hamburg (Rowohlt).
Lerchbacher, H. (1971): Zwanzig Jahre Umweltforschung. Eine Denkschrift der DFG. — Wirtschaft u. Wissenschaft, **19** (2): 28-30.
Lewandowski, G. (1971): Juristische Bemerkungen zu einigen Aspekten des Zulassungsverfahrens von Pflanzenschutzmitteln. — Schr.-Reihe Ver. Wasser Boden Lufthyg., **34**: 15-18.
Lichtenstein, E. P., Schulz, K. R., Fuhremann, T. W. & Liang, T. T. (1969): Biological interaction between plasticiders and insecticides. — J. Econom. Ent., **62** (4): 761-765.
Liebmann, H. (1954/55): Über Aufgabe und Bedeutung der Protozoen bei der natürlichen Selbstreinigung. — Wiss. Z. Karl-Marx-Univ. Leipzig, math.-nat. Reihe, Heft 1/2: 5-7.
Liebmann, H. (1960): Stand der Verschmutzung und Reinhaltung der stehenden und fließenden Gewässer in Bayern. Siedlungswasserwirtschaft, Heft 5-6: (ohne Paginierung).
Liebmann, H. (1965): Biologische Probleme bei der Reinigung von industriellen Abwässern. — Oesterr. Wasserwirtsch., **7**: 123-126.
Liebmann, H. & Knöpp, H. (1966): The Bavarian register of water quality. — Third internat. conference on water pollution research, 1-6.

Liebmann, H. & Reichenbach-Klinke, H.-H. (1967): VI. Eingriffe des Menschen und deren biologische Auswirkung. — Limnologie der Donau. Lief. 4: 1-25.

Lindackers, K.-H., Aurand, K., Hug, O., Kiefer, H., Krämer, H., Seetzen, J. & Trott, K.-R. (1970): Kernenergie. Nutzen und Risiko. — 207 S. Stuttgart (Deutsche Verlagsanstalt).

Lindahl, P. E. & Hell, C. E. B. (1970): Effects of short-term exposure of Leuciscus rutilus L. (Pisces) to phenylmercuric hydroxide. — Oikos, 21: 267-275.

Löbsack, T. (1970): Medizin als Gefahr. — München (dtv).

Löbsack, T. (1971): Müll. — Kosmos, 67 (2): 53-62.

Lohmann, M. (Hrsg.) (1970): Gefährdete Zukunft. — Prognosen angloamerikanischer Wissenschaftler. — 191 S., München (Hanser).

Lorz, A. (1969): Der rechtliche Schutz von Natur und Kreatur als Lebensschutzrecht. — Das Leben, 6 (2-3): 59-62.

Luck, W. A. P. (1969): Die Verantwortung der Wissenschaftler und Techniker für das Leben. — Das Leben, 6 (2-3): 57-58.

Lüdemann, D. (1953): Die Giftwirkung des Mangans auf Fische, Krebse und Fischnährtiere. — Schr.-Reihe Ver. Wasser Boden Lufthyg., 7: 1-15.

Lüdemann, D. (1971): Zur Problematik der verschiedenen Fischtoxizitätstests und ihrer Vergleichsmöglichkeiten. — Schr.-Reihe Ver. Wasser Boden Lufthyg., 34: 77-83.

Lunde, G. (1969): Water soluble arseno-organic compounds in marine fishes. — Nature, 224 (5215): 186-187.

Macek, K. J. & Korn, S. (1970): Significance of the food chain in DDT accumulation by fish. — J. Fisher. Res. Board Canad., 27: 1496-1498.

Maier-Bode, H. (1971): Herbizide und ihre Rückstände. — 479 S., Stuttgart (E. Ulmer).

Maier-Bode, H. (1971): Untersuchungen über den Insektizidgehalt von Ostseefischen. — Schr.-Reihe Ver. Wasser Boden Lufthyg., 34: 57-61.

Majumder, S. K. (1971): The drama of Man and Nature. — 144 S., Columbus/Ohio (C. E. Merrill Publ. Comp.).

Martin, G. (1969): Tierschutz im Lichte der modernen Biologie. — Das Leben, 6 (2-3): 32-36.

Marx, W. (1969): Bis das Meer zum Himmel stinkt! — 120 S., Rüschlikon (A. Müller).

Mathys, G. (1966): Possibilités de lutte contre le pou de San José par la méthode biologique et intégrée. — Proc. FAO Symposium integrated Pest Control, 3: 53-64.

Mathys, G. (1970): Aspects économiques et développement de la protection des plantes. — Int. Pflanzenschutz-Kongreß, Paris, Sept. 1970.

Mathys, G. & Baggiolini, M. (1967): Étude de la valeur pratique des méthodes de lutte intégrée dans les cultures fruitières. — Agriculture romande, 6: 27-50.

McLaughlin, J., Marliac, J.-P., Verrett, M. J., Mutchler, M. K. & Fitzugh, O. G. (1963): The injection of chemicals into the yolk sac of fertile eggs prior to incubation as a toxicity test. — Toxicol. Appl. Pharmac., 5: 760.

Mehran, A. R. & Tremblay, J. L. (1966): Dynamique de l'absorption de Zn^{65} chez un mollusque, Macoma balthica L. — Naturaliste Canad., 93: 129-132.

Meinck, F. (Hrsg.) (1970): Beiträge aus dem Gebiet der Umwelthygiene. — Schr.-Reihe Ver. Wasser Boden Lufthyg., 33: 1-175.

Meinck, F. & Thomaschk, G. (1955): Untersuchungen über den anaeroben Abbau von Viskoseschlamm. — Schr.-Reihe Ver. Wasser Boden Lufthyg., 9: 1-31.

Meinck, F., Stoof, H. & Kohlschütter, H. (1968): Industrie-Abwässer. 4. Aufl. — 741 S., Stuttgart (Fischer).

Meister, F. J., 1970: Über den Vergleich von Straßenverkehrs- und Fluggeräuschen. — Kampf dem Lärm, **17** (1): 15-20.

Melnikov, N. N. (1971): Chemistry of pesticides. (A. d. Russ.). — 500 S., Berlin, Heidelberg, New York (Springer).

Menzel, D. W., Anderson, J. & Randtke, A. (1970): Marine phytoplankton vary in their response to chlorinated hydrocarbons. — Science **167**: 1724.

Merforth, M. (1971): Mensch und Umwelt — Schutz der Lebensgüter Wasser, Luft und Boden. — Hessen — „Heute und morgen", Sonderausgabe des „Staats-Anzeiger für das Land Hessen": 26-28.

Meyer, A. (Hrsg.) (1971): Encountering the environment. — 212 S., New York (Van Nostrand Reinhold Co.).

Meyer-Waarden, P. F. (1969): Zur Verschmutzung der Meeresküsten. — Das Leben, **6** (2-3): 39-40.

Miller, J. W. (1944): Pathologic changes in animals exposed to a commercial chlorinated biphenyl. — U. S. Publ. Health Record, **59**: 1085.

Miller, M. W. & Berg, G. G. (Hrsg.) (1969): Chemical fallout. Current research on persistent pesticides. — 532 S., Springfield, Ill. (Thomas).

Milne, L. I. & Milne, M. (1965): Das Gleichgewicht in der Natur. — 288 S., Hamburg u. Berlin (Parey).

Mitscherlich, A. (1965): Die Unwirtlichkeit unserer Städte. — Frankfurt a. M. (Suhrkamp).

Mohr, H. (1971): Erbgut und Umwelt. — Biol. in unserer Zeit, **1** (2): 3-10.

Moyer, K. E. (1969): Aggressivität. — Bild d. Wiss., **6**: 1058-1065.

Mrak, E. M. (1969): Report of the Secretary's Commission on pesticides and their relationship to environmental health. 1. 2. — 677 S., Washington (U.S.M.I.).

Müller, G. (1971): Pestizide und Pest — Zum Wandel des Begriffsumfanges des Wortes Pest. — Schr.-Reihe Ver. Wasser Boden Lufthyg., **34**: 9-13.

Müller, J. B. (1970): Die Sicherung der Lebensbedingungen — eine humanpolitische Forderung. — Natur u. Museum, **100**: 555-562.

Müller, T. (Hrsg.) (1971): Naturschutz. Aufgaben, Möglichkeiten und Grenzen in unserer modernen Gesellschaft. — 187 S., Ludwigsburg (Landesst. Natursch. Landschaftspfl. Bad.-Württ.).

Muirhead-Thomson, R. C. (1971): Pesticides and freshwater fauna. — 248 S., London, New York (Academic Press).

Murdoch, W. W. (Hrsg.) (1971): Environment. Resources, Pollution and Society. — 448 S., Stamford/Conn. (Sinauer Ass. Inc.).

Nachtsheim, H. (1967): Überbevölkerung-Zentralproblem der Welt. — Bild d. Wiss., **4**: 27-33.

Nachtsheim, H. (1971): Geburtenkontrolle. — Naturwiss. Rundsch., **24** (2): 64-70.

Naumann, E. (1960): Probleme der Verunreinigung von Grund- und Oberflächenwasser durch Mineralöle und Detergentien. — Schr.-Reihe Ver. Wasser Boden Lufthyg., **16**: 3-17.

Nehring, D. (1966): Untersuchungen über die Toxizität neuer Pflanzenschutzmittel und Abwasserstoffe gegenüber Fischen. — Z. Fischer. Hilfswiss., **14** (NF): 1-8.

Nelson, G. (1971): Wir morden unsere Meere. — Das Beste Read. Dig., **24** (5): 76-82.

Nelson-Smith, A. (1970): The problem of oil pollution of the sea. — Adv. mar. Biol., **8**: 215-306.

Neuffer, G. (1966): Die San-José-Schildlaus — biologisch bekämpft. — Dtsch. Landwirtschaftl. Presse, Nr. 13: 124-125.

Neuffer, G. (1967): Der Kampf gegen die San-José-Schildlaus. — Kosmos, **63**: 358-363.
Neuffer, G. (1968): Die Wirksamkeit der Aphelinide Prospaltella perniciosi Tower im südwestdeutschen Befallsgebiet der San-José-Schildlaus Quadraspidiotus perniciosus Comstock. — Anz. Schädlingskde, **41**: 97-101.
Newton, M. & Norris, L. A. (1970): Herbicide usage. — Science, **168** (3939): 1606.
Nöhring, F., Golwer, A. & Matthess, G. (1967): Auswirkungen von Industrie- und Hausmüll auf das Grundwasser. — Mém. I.A.H.-Kongreß 1965, **7**: 165-171.
Noring, F., Farkasdi, G., Golwer, A., Knoll, K. H., Matthess, G. & Schneider, W. (1968): Über Abbauvorgänge von Grundwasserverunreinigungen im Unterstrom von Abfalldeponien. — Wasser Abwasser, **109** (6): 137-142.
Novick, S. (1971): Katastrophe auf Raten. Wie sicher sind Atom-Kraftwerke? — 204 S., München (Ehrenwirth).
Nümann, W. (1970): Die Möglichkeiten der Gewässerreinigung mit höheren Pflanzen nach den bisherigen Untersuchungsergebnissen und theoretischen Überlegungen. — Int. Rev. ges. Hydrobiol., **55**: 149-158.
Nuorteva, P. (1971): Methylquecksilber in den Nahrungsketten der Natur. — Naturwiss. Rundsch., **24** (6): 233-243.
Oberste-Brink, K., Hofmann, E., Bomhard, H.-G. von, Amberger, A., Götze, R. & Herrmann, M. (1956): Steinkohlenflugasche. Einfluß auf Boden, Pflanzen und Milchkühe. — Schr.-Reihe Ver. Wasser Boden Lufthyg., **11**: 1-224.
Odum, E. P. (1967): Ökologie. — München (Bayerischer Landwirtschaftsverlag).
Oeser, K. (1971): Lärmbelästigung. — Schr.-Reihe Inst. Naturschutz Darmstadt, **10** (2): 45-51.
Olschowy, G. (1970): Behandlung von Abfallplätzen. — Schr.-Reihe Dtsch. Rat. Landespflege, **13**: 35-41.
Olschowy, G., Mrass, W., Kullmer, H. J. & Bürger, K. (1969): Zur Belastung der Landschaft. — Schr.-Reihe Landschaftspflege Naturschutz, **4**: 1-160.
Oort, A. H. (1970): The energy cycle of the earth. — Sci. American, **223** (3): 54-63.
Orians, G. H. & Pfeiffer, E. W. (1970): Ecological effects of the war in Vietnam. Effects of defoliation, bombing, and other military activities on the ecology of Vietnam. — Science, **168** (3931): 544-554.
Pallasch, O. & Triebel, W. (Schriftl.) (1969): Lehr- und Handbuch der Abwassertechnik. — Hrsg. von der Abwassertechn. Vereinigung e. V. Bonn; Bd. **2**: 630 S., Bd. **3**: 489 S., Berlin, München (W. Ernst & Sohn).
Panzram, H. (1971): Meteorologische Aspekte zur Reinhaltung der Luft. — Naturwiss. Rundsch., **24** (9): 390-392.
Patterson, C. (1965): Die mit Blei verunreinigte und die natürliche Umwelt des Menschen. — Arch. Environ. Health, **11**: 344.
Petersen, M. (1969): Grenzen der Gewässernutzung im Hinblick auf die wasserwirtschaftliche Rahmenplanung. — Dtsch. Gewässerkdl. Mitt., Sonderheft.
Pimentel, D. (1968): Population regulation and genetic feedback. — Science, **159**: 1432-1437.
Potter, V. R. (1971): Bioethics. Bridge to the Future. — Prentice Hall Biol. Sci. Ser., 323 S., Englewood Cliffs/N.J., Hemel Hempstead/Engl. (Prentice-Hall, Inc.).
Prouty, R. M. & Cromartie, E. (1970): Recovery of DDT and dieldrin from tissues of Coturnix japonica stepwise during residue analysis. — Environm. Sci. Technol., **4**: 768-769.
Przygodda, W. (1968): Quecksilberhaltige Saatgutbeizmittel und Vögel. — Angew. Ornith., **3** (2): 79-82.

Quentin, K.-E. (1971): Beurteilung und Bedeutung von Rückstandswerten im Hinblick auf Gewässerbiozönose und Trinkwasserqualität. — Schr.-Reihe Ver. Wasser Boden Lufthyg., **34**: 19-28.

Quinche, J.-P., Zuber, R. & Bovay, E. (1969): Les dépôts de plomb provenant des gaz d'échappement des véhicules automobiles le long des routes à forte densité de circulation. — Phytopathol. Z., **66**: 259-274.

Ramel, C. (1967): Genetic effects of organic mercury compounds. — In: The mercury problem, Oikos Suppl., **9**: 35.

Rasch, R. (1971): Verpackung und Umweltschutz. — Verpackungs-Rundsch., **6**: 750-754.

Rauneker, H. (1971): Natürliche Lebensräume müssen erhalten bleiben. — Heidelberger Portländer, **1** (1971): 9-16.

Ray, C. (1970): Ecology, law, and the 'marine revolution'. — Biol. Conserv., **3**: 7-17.

Reimer, H. (1971): Müllplanet Erde. — 281 S., Hamburg (Hoffmann & Campe).

Reimer, H. & Rossi, T. (1970): Zur Emission von Chlorwasserstoff bei der Verbrennung von Hausmüll. — Müll u. Abfall, Heft 3: 1-4.

Remmert, H. (1970): Über die Wirkung industrieller Abwasser auf Tiere des marinen Supralitorals. — Oecologia, **5**: 158-164.

Rieck-Fervers, W. (1971): Worte der Dichter und die Wirklichkeit über die Reinhaltung des Wassers. — Heidelberger Portländer, **1** (1971): 17-19.

Risebrough, R. W. (1969): Chlorinated hydrocarbons in marine ecosystems. In: Chemical Fallout. — Hrsg. M. W. Miller & G. C. Berg. C. C. Thomas.

Risebrough, R. W., Huggett, R. J., Griffin, J. J. & Goldberg, E. D. (1968): Pesticides: Transatlantic movements in the northeast trades. — Science, **159**: 1233-1236.

Risebrough, R. W., Reiche, P., Peakall, D. B., Hermann, S. G. & Kirven, M. N. (1968): Polychlorinated biphenyls in the global ecosystem. — Nature, **220**: 1098.

Risebrough, R. W., Reiche, P. & Olcott, H. S. (1969): Current progress in the determination of the polychlorinated biphenyls. — Bull. Environm. Contamination and Toxicol., **4**: 192.

Risebrough, R. W. & Brodine, V. (1970): More letters in the wind. — Environment, **12**: 16-27.

Rivnay, E. (1969): The overhead springklers of Israel. — J. Amer. Mus. Nat. Hist., **78**: 56-61.

Rohmeder, E. & Weber, E. (1970): Fichtenvergiftung durch Flugzeugabgase. — Forstwiss. Centralbl., **89**: 335.

Roll, R. (1970): Pflanzenschutzmittel. Pestizid-Rückstände und ihre gesundheitliche Beurteilung zum Schutz des Konsumenten. — Verbraucher-Rundschau, Nov. 1970: 2-8.

Rosén, B. (1970): Vattenvård. — En skrift om vattenföroreningar och vattenvård utgiven av Svenska Naturskyddsföreningen. Stockholm (SNF).

Rudd, R. L. & Genelly, R. E. (1956): Pesticides: Their use and toxicity in relation to wildlife. — Game Bull., **7**: 1-209.

Rudolph, E. D. (1970): Conserving the Antarctic terrestrial ecosystem. — Biol. Cons., **3**: 52-54.

Rühle, E. (1964): Untersuchungen über die Selbstreinigung von städtischem und industriellem Abwasser unter besonderer Beachtung der Nährstoffumsetzungen. — Wiss. Z. Karl-Marx-Univ. Leipzig, math.-nat. Reihe, Heft 1: 69-87.

Ryther, J. H. (1970): Is the world's oxygen supply threatened? — Nature, **227**: 374-375.

Schäfer, W. (1956): Der kritische Raum und die kritische Situation in der tierischen Sozietät. — Aufsätze u. Reden Senckenb. naturf. Ges., **9**: 1-38.

Schäfer, W. (1970): Photosafari Frankfurt 1970. — Natur u. Museum, **100**: 474.

Schäfer, W. (1970): Raumordnung, Landschaftspflege und Naturschutz. — Natur u. Museum, **100**: 549.

Schäfer, W. (1971): Ökologie als senckenbergisches Forschungsgebiet. — Natur u. Museum, **101**: 32-37.

Schäfer, W. (1971): Faunistisch-ökologische Untersuchungen des Untermains.— Natur u. Museum, **101**: 38.

Schäfer, W. (1971): Brevier über die Umwelt. — Natur u. Museum, **101**: 97-103.

Schäfer, W. (1971): Der kritische Raum. — Kleine Senckenberg-Reihe, **4**: 1-136.

Scharnagl, W. (1971): Der Dreck, in dem wir leben oder ein Nachruf auf unsere Umwelt. — 272 S., München (Ehrenwirth).

Scherb, K. & Forstner, M. J. (1971): Die derzeitigen Möglichkeiten der abwassertechnischen Behandlung von Flüssigmist aus Schweinegroßbeständen. — Dtsch. Tierärztl. Wochenschr., **78** (7): 201-204.

Schmid, R. (1971): Düsenflugzeuge und Hygiene-Probleme. — Naturwiss. Rundsch., **24** (3): 115-118.

Schmitz, W. (1968): Biologische und chemische Kriterien zur Beurteilung des Gütezustandes von Fließgewässern. — Wasserwirtsch. Baden-Württemberg: 92-103.

Schmitz, W. (1971): Studien zum Gewässerschutz 1. Kontrollverfahren und Maßnahmen zum Schutze der Gewässer und des Wassers gegen Verunreinigung im Rahmen des Umweltschutzes. — 47 S., Karlsruhe (Landesst. Gewässerk. Wasserwirt. Plan. Bad.-Württ.).

Schneider, H. G. (1971): Die Zukunft wartet nicht. — Stuttgart (Deutsche Verlagsanstalt).

Schönborn, H. H. (1970): Probleme der Abfallbeseitigung unter besonderer Berücksichtigung der Kunststoffe. — Schr.-Reihe Dtsch. Rat Landespflege, **13**: 16-20.

Scholz, L. & Altmann, J. (1971): Versuche zur Entfernung von chlorierten Kohlenwasserstoffen aus dem Trinkwasser mit Verwendung von Kunststoffen und aktiver Kohle. — Schr.-Reihe Ver. Wasser Boden Lufthyg., **34**: 137-142.

Schräder, T. (1964): Fische als Indikatoren der Wasserbeschaffenheit. — Wiss. Z. Karl-Marx-Univ. Leipzig, math.-nat. Reihe, **13**: 37-43.

Schroeder, H. L. (1964): Krankheitserreger und gesundheitsschädliche Substanzen im Wasser und Abwasser. — Wiss. Z. Karl-Marx-Univ., Leipzig, math.-nat. Reihe, **13**: 61-67.

Schütze, C. (1971): Gift und Schmutz von A bis Z. Ein Handbuch für jedermann. — 146 S., München (Südd. Buchverl.).

Schultz, G. A. (1969): Ziele und Methodik moderner wissenschaftlicher Hydrologie. — Dtsch. Gewässerkdl. Mitt. 1969, Sonderheft.

Schultz, U. (Hrsg.) (1971): Umwelt aus Beton oder unsere unmenschlichen Städte. — 142 S., Reinbeck bei Hamburg (rororo aktuell).

Schulz, S. (1969): Rückgang des Benthos in der Lübecker Buch. Ein Vergleich mit den Verhältnissen im Bornholmbecken. — Limnologica, **7**: 23-25.

Schuphan, W. (1966): Die Beeinflussung des biologischen Stoffkreislaufes durch körperfremde chemische Substanzen. — Informationsblatt Nr. 13 FEG: 1-9.

Schuphan, W. (1967): Das Pflanzenschutzproblem aus biochemischer Sicht. — Dtsch. Lebensmittel-Rundschau, **63**: 295-302.

Schuphan, W. (1968): Gemüsebau und Höchstmengenverordnung — Pflanzenschutz. — Industr. Obst- und Gemüseverwert., 1968 (5): (ohne Paginierung).

Schuphan, W. (1968): Rückstände chemischer Pflanzenschutzmittel — eine Gefahr? — Umschau, 20/1968: 628.

Schuphan, W. (1969): Pestizide, Nutzen und möglicher Schaden. — Zentralbl. Bakteriol. Parasitenkde Infektionskrankh. Hyg., **210**: 240-258.

Schuphan, W. (1971): Gefahren durch Pestizidanwendung. Nahrungspflanzen und Umwelttoxikologie. — Schr.-Reihe Inst. Naturschutz Darmstadt, **10** (2): 51-73.

Schuphan, W. (1971): Potentielle und reale Gefahren von Düngungsmaßnahmen und Pestizideinsatz für die Umwelt. — Schr.-Reihe Ver. Wasser Boden Lufthyg., **34**: 35-50.

Schuster, G. (1971): Die Kontroverse über die Einführung der Atomenergie. — Das Leben, **8** (5-6): 112-119.

Schwabe, G. H. (1971): Umweltkrise und Umweltpolitik. — Natur u. Landsch., **46** (4).

Schwabe, G. H. (1971): Immer noch fünf vor zwölf? — Bauwirtschaftl. Inform., 71/6.

Schwabe, G. H. (1971): Naturschutz. — In: Scheidewege, Vierteljahresschrift für skeptisches Denken, **1** (1).

Schweigart, H. A. (1970): Lebensschutz oder Untergang. — 39 S., Salzburg (Ver. Lebenskde.).

Schwenke, W. (1968): Zwischen Gift und Hunger. Schädlingsbekämpfung gestern, heute und morgen. — 131 S., Berlin, Heidelberg, New York (Springer).

Scudder, T. (1969): Kariba Dam. The ecological hazards of making a lake. — Amer. Mus. Nat. Hist., **78**: 68-72.

Seifert, A. (1970): Der Anteil der Landwirtschaft an der Gewässerverschmutzung. — Städtehyg., **21** (6): 135-136.

Shenouda, F. (1971): Die umgekehrte Osmose: Verfahren zur Wasserentsalzung, Abwasserbehandlung und Konzentrierung von wässerigen Lösungen. — Pro aqua — pro vita '71, Sonderheft (1971).

Sievers, J. F. (1971): Pestizide und Umwelt. — Schr.-Reihe Ver. Wasser Boden Lufthyg., **34**: 5-8.

Sievers, J. F. & Koppe, P. (1969): Verschmutzungsprobleme im Süß- und Meerwasser. In: Aspekte der chemischen und toxikologischen Beschaffenheit der Umwelt. — S. 20-32, Stuttgart (Thieme).

Sioli, H. (1969): Die Bedeutung eines gesunden Wasserhaushalts für die Biosphäre. — Natur u. Landsch., **44** (9): 233-236.

Sioli, H. (1969): Die Biosphäre und der Mensch — Probleme der Umwelt in der heutigen Weltzivilisation. — Universitas, **24** (10): 1081-1088.

Skye, E. (1970): Luftvård. En skrift om luftföroreningar och luftvård utgiven av Svenska Naturskyddsföreningen. — Stockholm (SNF).

Sladeček, V. (1964): Biologie der Brauchwasseranlagen. — Wiss. Z. Karl-Marx-Univ. Leipzig, math.-nat. Reihe, **13**: 45-51.

Smet, W. H. O. de & Evans, F. M. J. C. (1970): The influence of light and air on the purification of polluted water. — Hydrobiol., **35**: 494-544.

Soet, F. de (1970): Technische vooruitgang en milieudruk als mondiaal vraagstuk. — Civis Mundi, **10** (9/10): 1-12.

Sontheimer, H. & Kölle, W. (1970): Trinkwasser aus dem Rhein. — Umschau, **70**: 263-267.

Spitta & Pleissner (1909): Neue Hilfsmittel für die hygienische Beurteilung und Kontrolle von Wässern. — Arb. Kaiserl. Gesundheitsamt, **30**: 463-482.

Spohn, E. (1971): Die biologische Umwandlung von Müll in hochwertige Erde. — Heidelberger Portländer, **1** (1971): 39-41.

Sprout, H. & Sprout, M. (1971): Ökologie, Mensch und Umwelt. — München (Goldmann).

Stach, W. (1969): Untersuchung über die Auswirkung der Winterstreuung und anderer ernährungsphysiologischer Faktoren auf die Straßenbäume der Hamburger Innenstadt. — Dissertationsdruck Universität Hamburg.

Stahl, K. & Curdes, G. (1970): Umweltplanung in der Industriegesellschaft. — rororo-tele 30.

Steiner, H. & Baggiolini, M. (1968): Anleitung zum integrierten Pflanzenschutz im Apfelanbau. — Hrsg. Landesanstalt f. Pflanzenschutz, 64 S., Stuttgart.

Stepanow, V. (1968): Menschheit und Ozean. — Ideen exakt. Wiss., 11/1968: 37-40.

Stockinger, L. (1971): Umwelt und Atmung. — Bild d. Wiss., **8** (11): 1145-1149.

Stöfen, D. (1966): Neues zum Umweltgift Blei. — Vitalstoffe Ziv. Krankh., **11**: 243-246.

Stöfen, D. (1968): Die Begründung des sowjetischen MIK-Wertes für Blei. — Arch. Hyg. Bakteriol., **152**: 93-96.

Stöfen, D. (1968): Die larvierte Bleivergiftung. Konsequenzen aus den sowjetischen Bleiforschungen. — Arch. Hyg. Bakteriol., **152**: 551-558.

Stöfen, D. (1969): Die sowjetische Toxikologie. Ihre Probleme und ihre Bedeutung für den Westen. — Chemiker Ztg., **93**: 946-968.

Stöfen, D. (1969): Bleibedingte Keimschäden beim Weidevieh? — Zuchthyg., **4**: 169-173.

Stöfen, D. (1969): Blei als Keimgift für Warmblüter. — Arch. Hyg. Bakteriol., **153**: 380-382.

Stöfen, D. (1969): Diskussion um die larvierte Bleivergiftung. — Arch. Hyg. Bakteriol., **153**: 283-285.

Stöfen, D. (1969): Die Rolle des Bleis in der Pathogenese der Silikose. — Arch. Hyg. Bakteriol., **153**: 478-482.

Stöfen, D. (1969): Gefährdung der Tierwelt durch Blei. — Wild u. Hund, **72**: 295-296.

Stöfen, D. (1970): Die Prophylaxe der mit der Benzinverbleiung verbundenen Gefahren, Kriterien und Konsequenzen. — Städtehyg., **4**: 94-97.

Street, J. C., Urry, F. M., Wagstaff, D. J. & Blau, A. D. (1969): Comparative effects of polychlorinated biphenyls and organochlorine pesticides in induction of hepatic microsomal enzymes. — 158th Amer. Chemical Soc. nat. meeting, New York, Sept. 8-12, 1969.

Stripp, K. & Gerlach, S. A. (1969): Die Bodenfauna im Verklappungsgebiet von Industrieabwässern nordwestlich von Helgoland. — Veröff. Inst. Meeresforsch. Bremerh., **12**: 149-156.

Sturz, O. (1969): Betrachtungen zur chemischen Beschaffenheit des Mains in den Abflußjahren 1958-1967. — Dtsch. Gewässerkundl. Mitt., **13**: 66-73.

Swatek, P. (1970): The user's guide to the protection of the environment. — 312 S., New York (A Friends of the Earth / Ballantine Book).

Sy, M. (1971): Die DDT-Frage nüchtern betrachtet. — Gesundheitswesen u. Desinfektion, 8/1971: 113-123.

Sylva, D. P. de (1969): The unseen problems of thermal pollution. — Oceans Mag., **1** (1): 37-41.

Tait, R. V. (1971): Meeresökologie. Das Meer als Umwelt. — dtv, wiss. Reihe, **4091**: 305 S., Stuttgart (Thieme).

Taylor, G. R. (1969): Die Biologische Zeitbombe. — Frankfurt a. M. (G. B. Fischer).

Taylor, G. R. (1971): Das Selbstmordprogramm. Zukunft und Untergang der Menschheit. — 378 S., Frankfurt a. M. (G. B. Fischer).

Tejmar, J. (1970): Flüssiger Großstadtverkehr — technisch möglich. — Umwelt, **1**: 13-15.

Tejning, S. (1967): Mercury in pheasants (Phasianus colchicus L.) deriving from seed grain dressed with methyl and ethyl mercury compounds. — Oikos, **18**: 334-344.

Tietz, H. (1965): Kein stummer Frühling. — Bayer. Ber., **16**: 46-52.

Tjetjen, C. (1970): Möglichkeiten und Grenzen der Kompostierung von Siedlungsabfällen. — Schr.-Reihe Dtsch. Rat Landespflege, **13**: 46-48.

Tobias, W. (1970): Lebendiges Silber — tödliche Gefahr. — Natur u. Museum, **100**: 572-580; bzw. (1971) Kosmos, **67** (7): 292-296.

Tobias, W. (1971): Gewässerprojekt Untermain — ein senckenbergisches Forschungsprogramm. — Natur u. Museum, **101**: 124-131.

Tröscher, T. (1970): Zum Hessischen Naturschutztag 1970. — Natur u. Museum, **100**: 549-554.

Ueno, M., Mizuno, T. & Kawai, T. (1964): A limnological survey of three small mountain lakes contaminated by water from a copper mine. — Japan. J. Limnol., **25**: 37-55.

Ullrich, W. (1971): Wilde Tiere in Gefahr. 3. Aufl. — 131 S., Leipzig (Urania).

Ungemach, H. (1971): Limnologische Umweltschutz-Probleme in Nordrhein-Westfalen. — Natur u. Museum, **101**: 292-297.

Uspenski, S. (1970): Der Schutz der arktischen Fauna. — Ideen exakt. Wissens, **12**: 735-743.

U Thant (1970): Human environment and world order. — Int. J. environm. stud., **1**: 13-17.

Uytvanck, M. von (1970): Millionen Autowraks werden zertrümmert. — Umwelt, **1**: 29-30.

Vogl, J. (1970): Möglichkeiten und Grenzen der Verbrennung von Abfällen. — Schr.-Reihe Dtsch. Rat. Landespflege, **13**: 42-45.

Vogt, H.-H. (1970): Sind Insektizide ersetzbar? — Naturwiss. Rundsch., **23**: 327-329.

Vogt, H.-H. (1970): Fortschritt ins Chaos. — 240 S., Rüschlikon (A. Müller).

Vogt, H.-H. (1971): Weiß ohne Ende. Von der Seife zum synthetischen Waschmittel. — Kosmos, **67** (2): 75-77.

Vogt, H.-H. (1971): Gefahr durch Quecksilber. — Naturwiss. Rundsch., **24** (2): 76-77.

Vogt, H.-H. (1971): Gift in der Nahrungskette. — Die Gefiederte Welt, **95** (4): 77-79.

Voigt, J. (1969): Das große Gleichgewicht. Zerstörung oder Erhaltung unserer Umwelt. — 121 S., Reinbeck b. Hamburg (Rowohlt).

Wachs, B. (1970): Abwasser-Bakterien im Küstenbereich der Nordsee. — Wasser- u. Abwasser-Forsch. 3/70: 71-85.

Wäreborn, I. (1970): Environmental factors influencing the distribution of land molluscs of an oligotrophic area in southern Sweden. — Oikos, **21**: 285-291.

Walder, P. (Hrsg.) (1970): Gewässerbiologie und Gewässerschutz. Leitfaden für Lehrer. — 86 S., Bern (Eidg. Dep. Inn.).

Weichhart, G. (1969): Industrielle Abfallstoffe gefährden die Nordsee. — Umschau, **19**: 605-611.

Weinberg, U. (1969): Naturvårdslagen. — 1964 års naturvårdslag med kommentarer. — Hrsg. Svenska Naturskyddsföreningen i samråd med Statens naturvårdsverh. — Stockholm (SNF).

Weinzierl, H. (1970): Die große Wende im Naturschutz. — 109 S., München (BLV).

Weinzierl, H. (1970): Zur Eröffnung des Nationalparks im Bayerischen Wald. — Natur u. Museum, **100**: 589-593.

Weinzierl, H. (1971): Naturschutz und Umweltfürsorge. — Heidelberger Portländer, **1** (1971): 9-11.

Wentzel, K.-F. (1971): Luftverschmutzung. — Schr.-Reihe Inst. Naturschutz Darmstadt, **10** (2): 38-44.

Westing, A. H. (1971): Ecocide in Indochina. — Nat. Hist., **80** (3): 56-61.

Wheeler, A. (1969): Fish-life and pollution in the lower Thames: A review and preliminary report. — Biol. Conserv., **2** (1): 25-30.

Whitten, J. L. (1969): Damit wir leben können. — Austria (Molden).

Widener, D. (1971): Kein Platz für Menschen. Der programmierte Selbstmord. — 216 S., Stuttgart (Goverts).

Widmark, G. (1967): Possible interference by chlorinated biphenyls. In: Pesticide residues. Report of the JUPAC commission on the development, improvement, and standardization of the methods of pesticide residue analysis. — J. Assoc. Official Analytical Chemist., **50**: 1069.

Wildish, D. J. (1970): The toxicity of polychlorinated biphenyls (PCB) in sea water to Gammarus oceanicus. — Bull. environm. contamin. toxicol., **5**: 202-204.

Wolf, H. W. (1971): Der Rhein wälzt sich im Krankenbett. — Kosmos, **67**: 1-10.

Wolman, A. (1968): Air pollution: time for appraisal. — Science, **159**: 1437-1440.

Wolter, R. & Bahn, U. (1970): Bestimmung von Spurenkonzentrationen Strontium-90 in natürlichen Wässern. — Schr.-Reihe Ver. Wasser Boden Lufthyg., **33**: 95-103.

Woodford, E. K. (1960): Weed control handbook. — 264 S., Oxford (Blackwell).

Woodwell, G. M. (1967): Toxic substances and ecological cycles. — Sci. American, **216**: 24.

Woodwell, G. M. (1970): The energy cycle of the biosphere. — Sci. American, **223** (3): 64-74.

Wurster, C. F. (1968): DDT reduces photosynthesis by marine phytoplankton. — Science, **159**: 1474-1475.

Wurster, C. F. & Wingate, D. B. (1968): DDT residues and declining reproduction in the Bermuda Petrel. — Science, **159**: 979-981.

Young, G. (1970): Pollution, threat to man's only home. — Nat. Geogr., **138**: 738-780.

Zayc, R. (1969): Kartierung für die Lagerung wassergefährdender Stoffe in Nordrhein-Westfalen. — Dtsch. Gewässerkundl. Mitt., Sonderheft: 55-57.

Ziswiler, V. (1956): Bedrohte und ausgerottete Tiere. — In: Verständliche Wissenschaft, **86**: 1-134.

Zuber, R., Bovay, E., Tschannen, W. & Quinche, J. P. (1970): Le plomb comme facteur de pollution atmosphérique et son accumulation sur les plantes croissant en bordure des artères à forte densité de circulation. — Rech. agron. Suisse, **9**: 83-96.

Aspekte der chemischen und toxikologischen Beschaffenheit der Umwelt. 1. Internationales Symposium, München 1969. — Hrsg. Forum Wissenschaft, Wirtschaft u. Politik, Bonn. Stuttgart (Thieme).

Blätter für Natur- und Umweltschutz. — Hrsg. Bund für Naturschutz in Bayern e. V., München.

Das Leben. Internationale Zeitschrift für Biologie und Lebensschutz. — Hrsg. Institut für Biologie und Lebensschutz, Wiesbaden.

Ergänzung der Liste der Stoffe, die nach dem derzeitigen Wissensstand für die Verwendung in Lebensmitteln als duldbar angesehen werden. — Mitt. VI der Kommission zur Prüfung fremder Stoffe bei Lebensmitteln. Hrsg. Deutsche Forschungsgemeinschaft, Bonn-Bad Godesberg (1970).

Gütezustand der Gewässer in Baden-Württemberg I. — Hrsg. Landesstelle für Gewässerkunde und Wasserwirtschaftliche Planung Baden-Württemberg. Karlsruhe (1969).

Hessen '80. — Großer Hessenplan Aktionsprogramm Umwelt. — Hrsg. Hess. Minister f. Landwirtsch. u. Forsten Wiesbaden (1970).

Hessen '80. — Großer Hessenplan Aktionsprogramm Wasser. — Hrsg. Hess. Minister f. Landwirtsch. u. Forsten Wiesbaden (1970).

Hessischer Naturschutztag 1970. Zukunftsorientierte Landespflege-Politik. — Schr.-Reihe Inst. Naturschutz Darmstadt, **10**: 1-114.

Lufthygienisch-meteorologische Modelluntersuchung in der Region Untermain. — Hrsg. Regionale Planungsgemeinschaft Untermain Frankfurt a. M. (1971).

Normalanforderungen für Abwasser-Reinigungsverfahren. — Hrsg. Länderarbeitsgemeinschaft Wasser (LAWA), 22 S., Hamburg (Wasser u. Boden).

Öl und die Reinhaltung von Wasser und Luft. — Hrsg. Esso AG. Studie 4: 1-19 (1969).

Regionaler Raumordnungsplan, Entwurf 1968. — Hrsg. Regionale Planungsgemeinschaft Untermain Frankfurt a. M. (1968).

Regionale Planungsgemeinschaft Untermain 1965 bis 1970. — Hrsg. Regionale Planungsgemeinschaft Untermain (1970).

Satzung über die Entwässerung der Stadt Frankfurt am Main vom 27. Januar 1969. — Mitt. Stadtverw. Frankfurt a. M. Nr. 28 v. 12. 7. 1969.

Studien zum Gewässerschutz I: Kontrollverfahren und Maßnahmen zum Schutze der Gewässer und des Wassers gegen Verunreinigung im Rahmen des Umweltschutzes (1971). — Hrsg. Landesstelle für Gewässerkunde und Wasserwirtschaftliche Planung Baden-Württemberg (1971).

U — das technische umwelt magazin. — Hrsg. Vogel-Verlag, Würzburg.

Umwelt. Forschung, Gestaltung, Schutz. — Hrsg. Verein Deutscher Ingenieure, Düsseldorf.

Umweltrecht — Raum und Natur — Systematische Sammlung der Rechtsvorschriften, Entscheidungen und organisatorischen Grundlagen zur Raumplanung und Landespflege sowie zur Nutzung und Erhaltung der natürlichen Hilfsquellen. Burhenne, W. (Hrsg.). Berlin, Bielefeld, München (E. Schmidt).

Wasser- und Luftverschmutzung, Lärm, Abfälle. Was tut die Industrie. — Hrsg. World Wildlife Foundation — Deutschland 1969, 40 S.

Wechselbeziehungen zwischen Kunststoffen und Bakterien. — Hrsg. Institut für hygienisch-bakteriologische Arbeitsverfahren. Fraunhofer-Gesellschaft zur Förderung der angewandten Forschung. München.

Ergänzung*

Einleitung

In der Bundesrepublik ist die Frage des Umweltschutzes — im Gegensatz zu den Vereinigten Staaten — erst seit 1970 allmählich aktuell geworden. Als wir in jenem Jahr im Senckenberg-Museum die Umweltausstellung eröffneten und bald danach die Broschüre „Umwelt 2000" herausbrachten, gehörten wir in unserem Land noch zu den Pionieren des Umweltschutzes — vielfach belobigt und gelegentlich auch geschmäht.

Unterdessen ist in der Öffentlichkeit sehr viel über den Umweltschutz geschrieben und gesprochen worden; es rollte förmlich eine emotionale Welle über unser Land. Es wurden zahlreiche Bücher sehr unterschiedlicher Qualität über diesen Fragenkomplex veröffentlicht. Es ist daher berechtigt zu fragen, ob es angebracht ist, jene senckenbergische Broschüre, die seinerzeit als wissenschaftlich fundierte, kurzgefaßte Dokumentation zur Information eine wichtige Rolle spielte, nun nochmals aufzulegen.

Trotz zahlreicher anderer Veröffentlichungen müssen wir feststellen, daß unsere Broschüre beileibe nicht veraltet ist, weshalb die Nachfrage nach ihr nicht nachgelassen hat. Sie enthält auf dem Gebiet der Umweltverseuchung und des Landschaftsschutzes so viel allgemeingültige und aktuelle Angaben, daß sie weiterhin als grundlegende Informationsquelle über den Umweltkomplex geeignet ist.

Es besteht allerdings heute vom Leserkreis her eine andere Forderung als 1970. Damals ging es in erster Linie darum, echtes, für verschiedene Zwecke verwendbares und wissenschaftlich fundiertes Faktenmaterial zu liefern. Die daraus zu ziehenden Konsequenzen mußten dem Leser überlassen bleiben. Heute wird hingegen auch die Information über eine Reihe von Fragen erwartet, die sich aus den naturwissenschaftlichen Tatsachen ergeben. So enthält diese erweiterte Auflage (bei der aus technischen Gründen der ursprüngliche Teil unverändert geblieben ist und durch einen Nachtragsteil erweitert wird) außer einigen zusätzlichen Fachkapiteln, die in den ersten Auflagen nicht abgehandelt wurden oder eines Zusatzes bedürfen, auch einige Kapitel mit Hintergrundsbetrachtungen.

Es ist die Aufgabe dieser Broschüre, in erster Linie für eine gesamtbiologisch-ökologische Erkenntnis des Umweltproblems die wichtigen Fachgrundlagen zur Verfügung zu stellen und das Verständnis für die großen Zusammenhänge des Naturhaushalts zu wecken und zu vertiefen.

---
*) Die Beiträge dieser Ergänzung (3. Auflage) stammen von W. Klausewitz.

Bevölkerungsexplosion

Hinsichtlich des Umweltproblems der Welt stellt die größte Schwierigkeit die Bevölkerungsexplosion dar. Nach dem neuesten UN-Bericht hat die Weltbevölkerung Mitte 1971 aus 3,706 Milliarden Menschen bestanden. Jährlich vermehrt sie sich um 74 Millionen. Demnach ist die Weltbevölkerung bis Mitte 1973 auf 3,854 Milliarden angewachsen, wird bis Ende 1973 3,89 Milliarden zählen und wird im Verlaufe des Februar 1974 die 3,9 Milliarden-Marke überschritten haben. Die 4-Milliarden-Grenze wird im Verlaufe des Jahres 1975 erreicht. Nach dem Demographischen Jahrbuch der Vereinten Nationen wird sich die Weltbevölkerung bei Beibehaltung der derzeitigen Vermehrungsrate von 2% in 33 Jahren bis zum Jahr 2006 verdoppelt haben.

56,7% der Weltbevölkerung sind Asiaten, 9,5% Afrikaner, 8,8% Nordamerikaner, 6,6% Bewohner der Sowjetunion, 5,3% Südamerikaner, 12,6% Europäer und 0,5% leben in Oceania. Im Jahr 2000 wird die Bevölkerung Asiens größer sein als die gesamte Weltbevölkerung von 1970.

Die niedrigste Geburtenrate hat die Bundesrepublik Deutschland (12,8 auf 1 000), die höchste die Schweiz (52,3 auf 1 000). 12 Länder in Afrika haben ebenfalls einen Geburtenüberschuß um über 50 auf 1 000 Köpfe. Insgesamt hat das Bevölkerungswachstum eine leicht abnehmende Tendenz. Doch reicht sie bei weitem nicht aus, um ein ökologisch-ökonomisches Gleichgewicht herzustellen. Die Weltbevölkerung wächst weiterhin bedeutend rascher als die Nahrungsmittelproduktion.

Ökologie und Umweltschutz

Im Jahre 1866 prägte der Zoologe Ernst Haeckel den Begriff der „Oecologie", worunter er die Lehre von der Lebensweise der Tiere und ihren vielfältigen Beziehungen zur belebten und unbelebten Umwelt einschließlich des Verhaltens und der Verbreitung verstand. In jüngster Zeit hat die Ökologie, die sich unterdessen zu einem wohlfundierten Forschungszweig der Biologie entwickelt hat, im Zusammenhang mit der Umweltbelastung eine abgewandelte und erheblich erweiterte Bedeutung erhalten. Zur Ökologie werden heute auch die großen biologischen und energetischen Kreisläufe, die Wechselwirkungen zwischen Lebensraum und Organismus, die Beziehungen zwischen Landschaft und Wasser sowie die biologischen Folgen technologischer Eingriffe auf das Gefügesystem der Natur und der Umwelt gerechnet.

So gesehen, ist die Ökologie aber nicht nur das Forschungsgebiet bestimmter Spezialisten im Bereich der biologischen Wissenschaften, sondern ein Thema, das den Landschaftsplaner, den Straßenbau-Ingenieur, den Wasserwirtschaftler und Gewässer-Ingenieur, den Städteplaner und Architekten, den Industrie-Ingenieur und nicht zuletzt auch den Politiker und den Wirtschaftler in gleicher Weise angeht. Denn diese Berufsgruppen bewirken in erster Linie direkt oder indirekt jene folgenschweren Eingriffe in den Naturhaushalt, durch die die Landschaft verwandelt, der Wasserkreislauf beeinträchtigt, die Luft belastet und die Zusammensetzung der Organismenwelt der Kontinente und der Meere verändert wird.

Aus diesem Grunde sollte heute die Ökologie nicht nur Bestandteil der Ausbildung angehender Biologen sein; sie müßte in gleicher Weise als Lehrfach für die Gebiete der Technik und der Politologie eingeführt werden. An vielen Universitäten und Hochschulen sind unterdessen Arbeitsgruppen oder Forschungsabteilungen „Umweltschutz" mit meist interdisziplinärem Charakter entstanden, doch sind die Arbeitsrichtungen weitgehend technologisch, politologisch oder soziologisch orientiert; es fehlt meist das Lehrfach Ökologie und somit die biologische Grundlage, derer sich heute ein Techniker ebenso bewußt sein sollte wie ein Biologe.

Die Biosphäre

Der französische Naturforscher Lamarck hat zu Beginn des vorigen Jahrhunderts den Begriff „biosphère" geprägt, worunter er die Gesamtheit aller Lebewesen auf der Erde verstand. Heute werden unter der Bezeichnung der Biosphäre die Gesamtheit der unterschiedlich dicht mit Lebewesen besiedelten, aus Luft, Wasser oder Erdreich bestehenden Schichten des Erdballs mit ihren entsprechenden Lebensbedingungen, d. h. die Atmo-, die Hydro- und die Pedosphäre von der Stratosphäre abwärts bis in die oberflächennahen Schichten der Erdkruste und bis in die größten Tiefen der Weltmeere sowie die vielartigen Beziehungsgefüge und Wechselwirkungen zwischen diesen Schichten und deren Gliedern verstanden. Auch der Mensch ist ein Teil der Biosphäre und von dieser abhängig.

Die Definition des Begriffs Biosphäre von F. Vester (1972) lautet: „Der gesamte natürliche Lebensraum der Erde mit der Tier- und Pflanzenwelt, dem gesamten Meeresleben und allen Mikroorganismen. Nötige Voraussetzungen für das irdische Leben sind Wasser, Luft, Energiequellen (Sonnenlicht) und Grenzflächen zwischen fester, flüssiger und gasförmiger Materie." Die Gesamtheit der Lebewesen und der biotischen sowie abiotischen Faktoren bildet ein überaus kompliziertes System, dessen Zusammenspiel „mit geradezu unglaublicher Perfektion abläuft" und dessen einzelne Glieder und Teilgebiete sich gegenseitig regulieren und weiterentwickeln. Die Biosphäre bildet also ein Regelkreissystem mit Verkettungen und Rückkoppelungen.

Wenngleich der Mensch Teil der Biosphäre ist, so besitzt er doch die Fähigkeit und die Macht, durch seine technologischen Einwirkungen die Gesamtheit oder Bereiche der Biosphäre mit ihrem komplizierten System der Verkettung und Rückkoppelung zu beeinflussen und gegebenenfalls zu beeinträchtigen. Nach F. Vester ist die Einwirkung des Menschen auf diese Prinzipien des biologischen Gleichgewichts eine Verletzung, „die uns Menschen plötzlich vor fast unüberwindliche finanzielle und organisatorische Schwierigkeiten gestellt hat und die uns dessen Existenz nunmehr auf recht schmerzhafte Weise bewußt macht."

Der amerikanische Ökologe B. Commoner sieht die Folgen der Einwirkungen des Menschen auf die Biosphäre noch viel düsterer: „Die Biosphäre, die die Erdkugel als dünne Haut aus Wasser, Luft und Erdboden umgibt, ist der Wohnort des Menschen wie auch aller anderen Lebewesen. Wie jeder lebende Organismus hängt der Mensch als Lebewesen von Dingen ab, die die Biosphäre bildet: Wasser, Sauerstoff, Nahrung und Schutz. Wenn die Biosphäre nicht weiterhin diese Lebensnotwendigkeiten bietet, kann die Menschheit mit all ihren Aktivitäten nicht überleben."

Die Ökosphäre

Dieser gelegentlich in der ökologischen Literatur gebrauchte Begriff wurde 1958 von dem Amerikaner C. Cole folgendermaßen definiert: Der Gesamtbetrag aller Lebensformen der Erde zusammen mit der globalen Umwelt und der Gesamtheit der Hilfsquellen (resources) der Erde".

Die wichtigsten dieser Hilfsquellen sind die Sonnenenergie, das Wasser sowie die Elemente Sauerstoff, Kohlenstoff, Wasserstoff, Stickstoff und Phosphor.

Energiekreisläufe

Die **Sonnenenergie** macht 99,9998% des natürlichen Gesamtenergieaufkommens der Erde aus. Jährlich erhält unser Planet eine Sonnenenergiemenge von 13×10^{23} gcal, was einem ständigen Kräftestrom von 2,5 Trillionen (mit 18 Nullen) PS entspricht. Ein Drittel dieser auftreffenden Sonnenenergie wird sofort wieder reflektiert (Albedo). Die übrigen zwei Drittel werden von der Atmosphäre und der Erde absorbiert und spielen eine beträchtliche Rolle für die Erwärmung der Erdoberfläche. Nur 0,04% der auftreffenden Sonnenenergie werden für die biologischen Stoffwechselprozesse verwendet, und zwar praktisch ausschließlich auf dem Wege der

Photosynthese. Die Fähigkeit des grünen Blattes, durch Aufnahme von Energie aus dem Sonnenlicht Kohlehydrate als Nährsubstanz zu produzieren, stellt die nahrungsmäßige Grundlage jeglichen höheren Lebens dar. Bei der anschließenden Weitergabe der im pflanzlichen Organismus gespeicherten Strahlungsenergie kommt es innerhalb der Nahrungskette allerdings zu einem deutlichen Energieverlust. Wenn eine Alge 1 000 Kalorien speichert, verbleiben für den algenfressenden Kleinkrebs nur noch 150 Kalorien, für den krebsfressenden Kleinfisch 30, für den Raubfisch 6 und für den Menschen, der diesen Fisch ißt, nur noch 1,2 cal. Je länger eine Nahrungskette, um so größer ist der Energieverlust. Pflanzenfresser, ob Insekt oder Rind, vermögen noch etwa 50% der in der Pflanze gespeicherten Energie zu gewinnen. Vom Energiehaushalt her gesehen sind also Vegetarier die weitaus ökonomischsten Verbraucher.

Auf welche Weise kann sich die Technologie des Menschen auf die für die Erde und das Leben wichtige Sonnenenergie auswirken? Es seien nur die drei wichtigsten Punkte genannt.

1. Seit 1880 nimmt der Gehalt an Kohlendioxyd (CO_2) der Atmosphäre infolge der Verbrennung fossiler Brennstoffe (Kohle, Öl) ständig zu. Dadurch könnte auf der Erde ein sogenannter Treibhauseffekt entstehen, weil das CO_2 die von der Erde zurückgeworfene Wärmestrahlung festhält.

2. Seit etwa 100 Jahren nimmt auch die Anreicherung der Atmosphäre mit feinen Staubteilchen in steigendem Maße zu. Heute überzieht schon ein weit in die Höhe reichender Schleier von schwebenden Verunreinigungen den ganzen Planeten. Dieser immer dichter werdende Staub- und Dunstfilm fängt bereits in der Höhe einen Teil der Sonnenstrahlen ab, reflektiert sie und läßt sie nicht bis zur Erdoberfläche vordringen. Die Folge ist einerseits eine verringerte Menge an Sonnenenergie für die biochemischen Prozesse der Organismenwelt, andererseits eine mögliche Klimaveränderung im Sinne einer allmählichen Abkühlung (die hinsichtlich der Durchschnittstemperatur der Erde tatsächlich bereits vorliegt).

3. Regional kann durch anhaltende Bildung von Nebel (gegebenenfalls durch Kühltürme künstlich erzeugt) in Verbindung mit Staub und chemischen Abgasen (Smog) in einem Talkessel die Wirkung der Sonnenenergie beträchtlich verringert werden.

Der **Wasserkreislauf**: Er ist von entscheidender ökologischer Bedeutung. Global gesehen ist er ausgeglichen: Jährlich verdunsten insgesamt knapp 400 000 Kubikkilometer (km^3) Wasser von der Gesamtoberfläche unseres Planeten, die gleiche Menge geht als Regen über dem Festland und den Meeren nieder. Täglich sind es etwa 1 050 km^3. Diese Wassermengen bilden einen ständigen Fließkreislauf. Das über dem Land abgeregnete Wasser fließt als Oberflächengewässer und als Grundwasserstrom zum Meer zurück, oder es verdunstet. Die Verdunstung stellt einen lebenswichtigen Prozeß für die Pflanze dar. Denn sie benötigt etwa 450 g

Wasser, um 1 g Trockensubstanz aufzubauen. Genauso kommt aber auch kein Tier ohne Wasser aus.

Das Wasser selbst wird in vielfacher Form durch technische Einwirkungen belastet: Abwässer aus Industrie und Haushalt, Wärmebelastung, ausgespülte Düngemittel und Pestizide, Niederschlag mit Rückständen aus Abgasen, Versickern giftiger Stoffe in das Grundwasser usw. (vgl. S. 46, 49−50, 54−72).

Wenn auch der Wasserkreislauf global ausbalanciert ist, so kann er regional durch Eingriffe stark verändert werden: Je geringer die Vegetationsdecke, um so geringer und unausgeglichener ist das Angebot an Regenwasser, um so geringer ist auch das Reservoir an Grundwasser und um so stärker ist die Tendenz zur Versteppung einer Landschaft.

Biochemische Kreisläufe: Durch das Niederschlagswasser werden jährlich dem Gestein und dem Boden u. a. etwa 3,5 Millionen Tonnen Phosphor, 100 Millionen t Potassium und 10 Millionen t gebundenen Stickstoffs entzogen. Sie stellen Teile einer Reihe lebenswichtiger biochemischer Kreisläufe dar, die in Form komplizierter netzförmiger Zyklen ablaufen. Sie stellen ein aufeinander eingependeltes biochemisches und energetisches Beziehungsgefüge dar. Der Mensch reichert durch künstliche Düngung und durch Waschmittel die Erdoberfläche und die Gewässer mit erheblichen Mengen von Stickstoff und Phosphor an. Es läßt sich noch nicht mit Sicherheit voraussagen, ob diese zusätzlichen Anreicherungen nachteilige Auswirkungen für das Gesamtleben mit seinen Ökosystemen haben wird; lokale katastrophale Folgen durch die Überdüngungswirkung (Eutrophierung) in Binnengewässern sind seit längerem bekannt.

Der Sauerstoff ist das auf unserem Erdball am weitesten verbreitete Element von entscheidender biologischer Wirksamkeit. Er spielt eine wesentliche Rolle für zahllose biochemische Prozesse und natürliche Produktionsvorgänge. Er entsteht beim Atmungsprozeß der Pflanzen und wird für den Zellstoffwechsel der Tiere benötigt. Der Kohlenstoff ist ein anderes wichtiges Element. Er befindet sich u. a. im Kohlendioxyd, das bei der Atmung der Tiere und Pflanzen entsteht und ein wichtiger Faktor für die Photosynthese der Pflanzen und somit für die stoffliche Grundlage jeglichen Lebens ist.

In den USA ist schon heute der Sauerstoffverbrauch durch die Atmung der Menschen und insbesondere durch technische Abläufe größer als die Sauerstoffproduktion durch die Pflanzen dieses Subkontinents. Die weitere Vermehrung der Menschen, eine ständige Zunahme der Industrie und eine unaufhaltsame Zurückdrängung und Vernichtung der natürlichen Landschaft mit ihrer ursprünglichen Pflanzenwelt vermindert auch in den übrigen Erdteilen die lebensnotwendige Sauerstoffproduktion.

Forstwirtschaft oder Forstökologie?

Der Wald als ein einst natürlich gewachsener Landschaftstyp und Lebensraum ist im Verlaufe der vergangenen 150 Jahre zu einer weitgehend wirtschaftlichen Einheit geworden: der Forst als Holzlieferant. Doch hat der Wald, insbesondere in bezug zum Wasserhaushalt, eine viel wichtigere gesamtökologische Funktion, die sich allerdings bisher noch nicht exakt in Zahlen ausdrücken läßt.

Ein mehrstufiger, verjüngungsfroher Mischwald mit dichtem Unterwuchs und gut entwickeltem Humusboden hält viel Regenwasser zurück, versorgt das Grundwasser in reichem Maße, läßt wenig Wasser oberflächlich abfließen, verhindert die Erosion und schirmt den Boden gegen austrocknende Sonnen- und Windeinwirkung ab. Dieser Waldtyp ist für den Wasserhaushalt von großer Bedeutung.

Ein Nadelwald hingegen, ohne Unterwuchs und mit lebensfeindlichem Rohhumus als Bodenbelag läßt ein Großteil des Regenwassers rasch oberflächlich abfließen, bindet nur wenig Wasser und versorgt nur in geringem Maße das Grundwasser mit Nachschubwasser. Für den Wasserkreislauf hat der Nadelwald eine bedeutend geringere Rolle.

Auch hinsichtlich der biologischen Schädlingsbekämpfung bestehen deutliche Unterschiede zwischen beiden Waldtypen: im Mischwald mit reichem Unterwuchs leben auf 1 qkm 1100−2400 Vogel-Brutpaare, im reinen Fichtenwald nur 180−240, im trockenen Kiefernwald nur 100−150 Brutpaare.

Wasserökologisch am ungünstigsten und gesamtbiologisch am gefährdetsten sind völlig entwaldete Gebiete (Graslandschaften, Kultursteppe usw.): starker Oberflächenabfluß des Regenwassers, geringe Mengen an Sickerwasser, so gut wie kein Nachschub für das Grundwasser, wenig Schutz gegen die Erosionswirkung des abfließenden Wassers, erhebliche Erosionsschäden in Hanglagen, kein Schutz gegen die austrocknende Wirkung von Sonne und Wind. In entwaldeten Gebirgslandschaften tritt rasch der Verkarstungsprozeß ein, in klimatisch ungünstigen Gebieten kommt es bei vermindertem Regenangebot zu Versteppungsvorgängen, gegebenenfalls mit anschließender Wüstenbildung.

Folgen der Entwaldung

Die Gebiete des Mittelmeerraumes erleben seit frühgeschichtlicher Zeit den Prozeß der Versteppung, Verwüstung und Verkarstung. Vor einigen tausend Jahren waren Südeuropa und Nordafrika ein dicht bewaldeter Raum. Durch die Menschen der frühen mediterranen Hochkulturen wurden diese Gebiete zur Gewinnung von Bauholz und von Ackerland rigoros abgeholzt. Die Folge war eine weiträumige Klimaveränderung mit deutlichen Austrocknungs- und Versteppungstendenzen. Die Gebirgszonen sind durch Erosion große Karstgebiete geworden. In Nordafrika ist infolge der Zerstörung der ursprünglichen Vegetation, des Zusammenbruchs des natürlichen Wasserkreislaufs und des Regenmangels auf weiten Strecken eine Steppen- und Wüstenlandschaft entstanden, die sich unaufhaltsam nach Süden ausdehnt (vgl. auch S. 16).

Im Verlaufe der vergangenen 20 Jahre ist ein großer Teil der einst fruchtbaren Neulandgebiete von Kasachstan wegen zu rigoroser Eingriffe in den Haushalt der Natur wieder der Versteppung anheimgefallen.

Heute befinden sich u. a. Südostasien sowie Nord- und Südamerika wegen großräumiger Entwaldungen in beträchtlicher Gefahr der Versteppung. Das Amazonasgebiet, noch die größte Urwaldlandschaft der Erde, wird sich wegen der rasch fortschreitenden Umwandlung in einen Wirtschaftsraum in 20 Jahren als Agrar- und Industrieland in eine riesige Kultursteppe verändert haben und kann wegen der schlechten Bodenverhältnisse schon in einer Generation zu einer gigantischen sterilen Wüste geworden sein.

Schutzmaßnahmen für den Wald

Zur Errettung einer Landschaft und zur Stabilisierung des Wasserkreislaufs ist in weiträumig entwaldeten Gebieten (z. B. im Mittelmeerraum) die Wiederaufforstung die einzige Lösungsmöglichkeit (entsprechende großzügige Maßnahmen wurden bereits in Persien und in Israel eingeleitet).

Im mitteleuropäischen Raum ist aus wasserökologischen und gesamtbiologischen Gründen, insbesondere zur Anreicherung des dringend notwendigen Grundwassers für Trinkwasserzwecke, die Abkehr von den Fichten-Monokulturen und Rückkehr zum Mischwald der einzig gangbare Weg.

Umlernen tut not

Trotz der ökologischen Erkenntnisse im Forstwesen wird vielfach noch heute der Wald als rein wirtschaftlicher Faktor angesehen. Abgeholzte Mischwälder werden als reine Fichtenwälder wieder aufgeforstet, in vorhandenen Mischwäldern werden die Laubbäume herausgehauen oder gar durch Spezialspritzungen abgetötet, um später durch Nadelbäume ersetzt zu werden. Bei diesen Maßnahmen der „Verfichtung" unserer Wälder liegen rein ökonomische Motive ohne Berücksichtigung des ökologischen Gesamtnutzens vor.

Für die Zukunft — dies sollte auch für den Entwurf des Bundeswaldgesetzes gelten — darf der wirtschaftliche Aspekt des Waldes nicht mehr überbetont werden. An erster Stelle hat seine Schutzfunktion für eine Landschaft und seine Nutzfunktion für den Wasserhaushalt zu stehen, an zweiter Stelle der Erholungswert für den Menschen und erst an dritter Stelle die wirtschaftliche Nutzung.

Wasserwirtschaftliche Fehlmaßnahmen

Aus rein wirtschaftlichen Gründen werden das Land trockengelegt und Oberflächengewässer kanalisiert: um feuchtes Land für die Landwirtschaft oder als Baugelände zu nutzen, um Überschwemmungsschäden zu verhindern und um größere Gewässer besser schiffbar zu machen. Alljährlich werden weitere Gewässer technisch behandelt.

Gesamtökologisch sind diese Maßnahmen von erheblichem Nachteil: Wo das Land trockengelegt wird oder ein bisher mäandierender Wasserlauf begradigt wird, sinkt der Grundwasserspiegel ab. Beispiele für eine Grundwasserabsenkung nach Gewässerregulierungen: Freisinger Ebene um 9 m (von 2 auf 11 m Tiefe), Wertach-Ebene um 10 m, Rheinebene bei Basel um 10 m, bei Kembs um 20 m, am Nord-Ostseekanal und Mittellandkanal jeweils um 20 m, in Sachsen-Anhalt teilweise um 80 m.

Daß auch in Mitteleuropa eine Landschaft aufgrund der wasserwirtschaftlichen Maßnahmen (Flußbegradigung) versteppen kann, zeigt die Oberrheinebene: in einem einst reichen Obstanbaugebiet wächst heute nicht einmal mehr der Sanddorn.

Woher kommen diese Folgen der technischen Einwirkungen auf die Gewässer? Während früher sich der Boden in der Hochwasserphase mit viel Feuchtigkeit vollsog und das Grundwasser reich versorgt wurde sowie ein mäandierendes, natürlich entstandenes Gewässer ständig Verbindung mit dem Grundwasserstrom hatte, fließt heute das Regenwasser in den begradigten und vielfach kanalisierten Fluß- und Bachläufen rasch ab und geht somit dem Land verloren. So ist auch in einem Gebiet mit reichem Regenangebot, wie in Mitteleuropa, ein langsamer Versteppungsvorgang unausweichlich.

Bald kein Grundwasser mehr?

In den hochindustrialisierten Gebieten Mitteleuropas, z. B. im Rhein-Main-Gebiet, im Raum um Köln und im Bereich München–Nürnberg, ist schon jetzt der Grundwasserspiegel in erschreckendem Maße abgesunken. Ursache: die übermäßige Grundwasserentnahme als Brauchwasser für industrielle Zwecke, aber auch der hohe Wasserverbrauch der Bevölkerung.

In einer Studie des Frankfurter Battelle-Instituts wurde 1972 die Prognose aufgestellt, daß um das Jahr 2000 die Grundwasservorräte im Bundesgebiet aufgebraucht sein werden. Dann müßte jegliches Trink- und Brauchwasser aus den heute schon weitgehend verseuchten Flüssen und Seen herausgefiltert werden. Das wird eine nicht nur außerordentlich kostspielige, sondern teilweise auch fast unlösbare Aufgabe. Der Rhein, aus dem schon jetzt 4—6 Millionen Menschen das Trinkwasser beziehen, erhält durch Abwässer jährlich 8 Prozent mehr Giftstoffe. Bei dieser Entwicklung dürfte bereits im Jahre 1980 aus dem Rhein kein Trinkwasser mehr gewonnen werden können.

Stauseen als Grundwasserlieferanten?

Künstlich angelegte Stauseen werden heute von der Wasserwirtschaft als eine technische Einrichtung mit doppeltem Vorteil propagiert: 1. Verhinderung von Überschwemmungen durch Aufnahme von Hochwasserschüben nach starken Regenfällen und der Schneeschmelze. 2. Anreicherung des Grundwassers durch Absickern des Seenwassers bis zum Grundwasserstrom.

Zwar läuft das Wasser bei einem Stausee nicht mehr wie bei einem kanalisierten Gewässerlauf rasch ab, sondern wird zurückgehalten, verhindert wird aber die weiträumige Bodendurchfeuchtung einer Überflutung.

Die Hoffnung einer Grundwasseranreicherung vom Stausee her ist zweifelsohne eine Fehlspekulation. Im Stausee als einem stehenden Gewässer bildet sich am Boden durch Abwassereinwirkung und durch die Eutrophierung des Wassers eine dicke Faulschlammschicht, die rasch das Porensystem des Erdreichs verstopft. Der Zufluß von Oberflächenwasser zum Grundwasser versiegt sehr bald, eine Grundwasseranreicherung vom Stausee her findet so gut wie nicht statt. Stauseen sind keinesfalls für den Wasserkreislauf ein vollwertiger Ersatz für einst mäandierende Gewässer und ufernahe Überschwemmungszonen. Auf keinen Fall können sie im mitteleuropäischen Raum das Grundwasserdefizit ausgleichen und auch nicht die langsam fortschreitende Versteppung aufhalten.

Europäische Boden-Charta

Eine „Europäische Boden-Charta" wurde 1972 von Fachleuten des Europarates ausgearbeitet und vom Europarat gebilligt. Die Charta enthält folgende zwölf Punkte (nach einem Bericht des WWF):

1. Der Boden ist eines der kostbarsten Güter der Menschheit. Er macht das Leben der Pflanzen, der Tiere und der Menschen auf dem Planeten Erde möglich.

2. Der Boden ist eine nur begrenzt nutzbare natürliche Hilfsquelle, die leicht zugrundegehen kann.

3. Die heutige Industriegesellschaft verwendet den Boden sowohl für landwirtschaftliche als auch für industrielle sowie andere Zwecke. Jede Politik der Bodenplanung muß die Eigenschaften des Bodens auf der einen Seite und die Notwendigkeiten der Gesellschaft von heute und von morgen auf der anderen Seite berücksichtigen.

4. Die Landwirtschaft und auch die Forstwirtschaft müssen Methoden anwenden, die die Qualität des Bodens erhalten.

5. Der Boden muß gegen Erosion geschützt werden.

6. Der Boden muß weiter gegen Verseuchung geschützt werden.

7. Jede Pflanzung in Städten muß in der Weise vorgenommen werden, daß sie die geringsten ungünstigen Rückwirkungen auf die angrenzenden Bodenzonen hat.

8. Schon vom Beginn der Planungen ab bis zur Vollendung öffentlicher Bauvorhaben, müssen die Auswirkungen dieser Maßnahmen auf die umliegenden Böden berechnet und entsprechende Schutzmaßnahmen vorgesehen werden.

9. Eine Bestandsaufnahme des Bodens ist unerläßlich.

10. Eine vermehrte Anstrengung wissenschaftlicher Untersuchungen und eine interdisziplinäre Zusammenarbeit sind erforderlich, um einen rationellen Gebrauch und die Erhaltung des Bodens zu sichern.

11. Die Bewahrung des Bodens muß auch zum Gegenstand der Ausbildung auf allen Ebenen und der verstärkten Unterrichtung der Öffentlichkeit gemacht werden.

12. Die Regierungen und administrativen Behörden müssen die natürliche Hilfsquelle Boden in vernünftiger Weise planen und verwalten.

Lärm

Der durch technische Prozesse bedingte Lärm als umweltschädigender Faktor ist kein gesamtökologisches Problem, da er in keiner Weise die Stoffkreisläufe der Natur oder andere natürliche Bereiche belastet. Somit ist die Lärmfrage kein Thema für den Biologen oder Ökologen. Dieses Problem bezieht sich fast ausschließlich auf die Umwelt des Menschen und ist in erster Linie eine Aufgabe für Mediziner, Psychologen und Soziologen.

Eine objektive Bewertung des Lärms als Umweltschaden ist wegen sehr unterschiedlicher Reaktionen der Menschen schwierig: die Wahrnehmung von Geräuschen als Lärm ist sehr subjektiv. Menschen der Entwicklungsländer sind weniger lärmempfindlich als Angehörige der Industrienationen. In Europa sind die Bewohner der Mittelmeerländer „geräuschfreundlicher" als die Mittel- und Nordeuropäer. Innerhalb eines Landes sind die Empfänger niedriger Löhne weniger geräuschempfindlich als Angehörige der mittleren und „gehobenen" Schichten. Junge Menschen sind subjektiv bedeutend weniger lärmempfindlich als ältere.

Beim Einzelmenschen gibt es konditionsbedingte Unterschiede in der Reaktion: im Zustand der Überanstrengung, Gereiztheit, Nervosität, psychischer Labilität, eines beginnenden Infekts oder anderer Erkrankungen werden Geräusche als störender Lärm empfonden, die im Normalzustand toleriert oder gar nicht wahrgenommen werden.

Ein weiterer individueller Faktor ist die psychologische Einstimmung zur Lärmquelle: der bellende eigene Hund, das schreiende eigene Kind oder der eigene laute Fernsehapparat werden nicht als störend empfunden im Gegensatz zum gleichen Lärmverursacher des Nachbarn.

Neuerdings liegt eine Reihe medizinischer Arbeiten vor, in denen unabhängig vom persönlichen Empfinden die psychischen, vegetativen und organischen Wirkungen bestimmter Schallreize ermittelt wurden.

Einige Beispiele für die Lautstärke von Schallreizen (in DIN-Phon, nach G. Jacobs):

Normale Umgangssprache 50; mittlere Wohngeräusche 40; Motorrad 65—105; Lastkraftwagen (7 m entfernt) 85—100; Preßlufthammer (2 m entfernt) 120; viermotor. Verkehrsflugzeug (50—100 m Höhe) 90—100; Flugzeugdüsenmotoren (im Prüfstand) mindestens 140.

Verschiedene Belastungsstufen und Reaktionsweisen des menschlichen Organismus auf unterschiedlich laute Schallreize (in DIN-Phon, in Anlehnung an G. Jacobs):

bis 23: ungestörter Schlaf,
30— 60: Belästigung, psychische Wirkung, besonders im oberen Bereich dieser Stufe,
60— 90: Gefährdung der Gesundheit, psychische und vegetative Wirkungen,
90—120: Gesundheitliche Schäden, psychische, vegetative und otologische Wirkungen und Folgen,
über 120: Schmerzhafte Wirkungen und bleibende Schäden.

Psychische Folgen erhöhter Lärmeinwirkung sind rasche Ermüdungserscheinungen, Leistungsminderung, Anstieg der Fehlerquote, Konzentrationsverringerung, Depressionen, Arbeitsunlust, ungenügende Schlafqualität usw.

Vegetative Folgen sind Störungen der Magen-Gallen-Funktion, Muskelverspannung, erhöhter Stoffwechsel, gesteigerte Darmtätigkeit, Belastung des Blutkreislaufes, Schlaflosigkeit usw.

Organische Schäden können die gleichen Symptome zeigen, ferner Herz- und Gefäßerkrankungen, dauernde Blutdrucksteigerung, beträchtliches Nachlassen der Sehkraft, dauernde Hörschädigungen u. ä.

Die junge Generation leidet in verstärktem Maße an den Folgen von Dauerschallreizen (die psychisch nicht als Lärm empfunden werden) durch die hohe Phonzahl in Beatlokalen. Diskjockeys und bestimmte Musiker werden früh schwerhörig oder gar taub. Das gleiche gilt für Menschen, die ständig mit Preßlufthämmern und anderen sehr lauten Maschinen zu tun haben.

Eine Schallbelästigung mit erheblichen Folgeerscheinungen wird die endgültige Einführung des zivilen Überschallflugverkehrs bringen. Die SST-Maschinen werden nicht nur die turbulenzfreie Zone oberhalb der Atmosphäre mit den Schmutzpartikeln ihrer Auspuffgase anreichern, sondern auch die Menschen und andere hörfähige Lebewesen beim Durchbrechen der Schallmauer durch ihren etwa 100 km breiten Knallteppich tyrannisieren.

Das Rauchen als Umweltfaktor

Zwar ist das Rauchen von Pfeife, Zigarre und Zigarette kein gesamtökologisches Problem, aber für den Menschen kann es eine beträchtliche Umweltverschmutzung darstellen. Zwar kann niemandem nach dem im Grundgesetz verbrieften Recht der freien Persönlichkeitsentfaltung das Rauchen untersagt werden, doch enthält dieser Rechtsanspruch den einschränkenden Passus, daß hierdurch nicht einem anderen ein Schade zugefügt werden dürfe. Die Belästigung und Schadensfolge im Sinne einer Umweltbelastung liegt bei jenen sehr häufigen Fällen vor, in denen nichtrauchende Menschen vom Raucher gezwungen werden, am „Rauchgenuß" zu partizipieren, d. h. den vom Raucher erzeugten Tabakrauch unfreiwillig einzuatmen.

„Der Zwang für Säuglinge, Kleinkinder, Jugendliche und erwachsene Nichtraucher, in engen geschlossenen Kraftwagen, in Wohnräumen, Warteräumen und Gaststätten die von Rauchern verschmutzte gesundheitsschädliche Luft einzuatmen, ist um nichts weniger gefährlich als das Einatmen des übelsten Smogs" (W. Schuphan).

Weshalb ist die Inhalation von Zigaretten- und Zigarrenrauch gesundheitsschädlich? Im Tabakrauch befindet sich eine Reihe giftiger Stoffe, insbesondere Nikotin, Kohlenmonoxyd und krebserzeugende Bestandteile, ferner DDT und andere Rückstände von giftigen Schädlingsbekämpfungsmitteln, mit denen die Tabakpflanze während ihrer Entwicklung besprüht worden war. Bei Inlands-, aber auch bei Auslandszigaretten wurden Pestizidrückstände ermittelt, die ein Vielfaches des zulässigen Toleranzwertes für Gemüse und Obst betrugen.

Welche Krankheiten werden durch Tabakrauch hervorgerufen? Es ist heute absolut gesichert, daß Lungenkrebs durch das Rauchen hervorgerufen werden kann. Parallel mit der Zunahme des Zigarettenkonsums nimmt auch die Todesrate durch Krebserkrankung der Atemwege zu, besonders der Lunge und der Trachea. Im Jahre 1968 starben in der Bundesrepublik viermal soviel Menschen an Lungenkrebs wie im ganzen Deutschen Reich im Jahre 1938.

Weitere Folgen des Tabakgenusses: Erkrankungen der Herzkranzgefäße (Herzinfarkt), Bronchitis, Lungenblähung, Magen- und Darmgeschwüre, Gefäßleiden, Krebs der Mundhöhle, des Rachens, des Kehlkopfes, der Harnblase usw. Statistisch gesichert ist eine deutlich erhöhte Sterblichkeitsrate der Raucher. „In der Zeit, in der 100 Nichtraucher sterben, werden durchschnittlich 168 tote Raucher gleichen Alters registriert. Im Alter von 45 bis 60 Jahren sterben jeweils sogar doppelt soviel Raucher wie Nichtraucher" (Ärztl. Arbeitskreis).

Aufgrund dieser Fakten hat sich die „Rauchermoral" und die Rücksicht auf die Nichtraucher schon etwas gebessert: die Zahl der Nichtraucherabteile in der Bundesbahn wurde vergrößert, in Flugzeugen wurden Nichtraucher-Sitzreihen eingerichtet, auf Konferenzen wird gelegentlich entweder das Rauchen untersagt oder über Rauchen oder Nichtrauchen abgestimmt. Doch reichen diese Maßnahmen als Umweltschutz für die Nichtraucher, die einen beträchtlichen Teil der Bevölkerung darstellen, nicht aus. Es muß gesetzlich der Nichtraucher in der Öffentlichkeit und am Arbeitsplatz vor der durch den Raucher verursachten Luftverschmutzung geschützt werden. Die Freiheit der Raucher zum Rauchen darf die Freiheit der Nichtraucher zur Atmung rauchfreier Luft nicht einschränken.

„Das außerordentliche, alles überragende Gesundheitsproblem des Tabakrauches im ‚internen' Bereich des Umweltschutzes und seine Problematik ist bisher nicht einmal von denjenigen offiziellen Stellen, die sich sonst in anerkennender Weise um den ‚externen' Umweltschutz eifrig bemühen, auch nur im geringsten beachtet worden" (W. Schuphan).

Hier liegt, wie so oft im Umweltschutzbereich, eine typische Konfliktsituation zwischen Ökonomie und Umweltschutz vor, wobei Wirtschaft und Politik aus rein fiskalischen Gründen am gleichen Strang ziehen. Am bedauernswertesten aber ist die Tatsache, daß die progressive Jugend, die von sich behauptet, sich von der Wirtschaft und deren Reklame nicht manipulieren zu lassen, hinsichtlich der Zigarettenindustrie in eine Abhängigkeit geraten ist, wie sie in keiner Generation zuvor bestanden hat.

Lebensqualität

„Qualität des Lebens" ist ein von den Amerikanern geprägter und heute viel verwendeter Begriff, der sich ausschließlich auf den Menschen bezieht. Im allgemeinen wird unter diesem Schlagwort nur eine quantitative Zunahme bestimmter Lebensgüter verstanden: mehr Verdienst, mehr Freizeit, mehr Stabilität, mehr Komfort, mehr Sicherheit, mehr medizinische Betreuung, mehr technische Entwicklung und mehr wirtschaftliches Wachstum. In Wirklichkeit muß unter diesem Begriff, so wie ihn auch die Amerikaner verstehen, ein korrelatives Gefüge zwischen der Lebensweise des Menschen und seiner Umwelt verstanden werden.

Weiterer technischer und wirtschaftlicher Fortschritt in der bisher aufgefaßten und durchgeführten Form hat letztenendes nicht mehr Komfort und Lebenssicherheit zur Folge, sondern eine Zunahme der negativen Entwicklungen: mehr Luft- und Wasserverschmutzung, mehr Trinkwasserverbrauch, mehr Geräuschbelästigung, mehr Müllanfall, mehr psychische Belastung, mehr Zivilisationskrankheiten, mehr Verkehrsunfälle mit mehr Toten und Verletzten, mehr Streßtote, ein weiteres Anwachsen der Kriminalität, mehr Fälle von Emphysem, Bronchitis und Krebs, weniger Plätze der Ruhe und Besinnung, weniger persönliche Freiheit. Technisch-ökonomischer Fortschritt stellt also faktisch eine echte Verschlechterung der Lebensqualität dar. Die „Qualität des Lebens" befindet sich geradezu in einem Gegensatz zu den bisherigen Vorstellungen vom „Lebensstandard".

Um eine Qualität des menschlichen Lebens zu erreichen, muß ein optimaler und ausbalancierter Standard von Produktion, sozialen Leistungen und persönlicher Entfaltung angestrebt werden, der in jedem Fall unterhalb des technisch möglichen Maximums liegt, da er die Negativeffekte der Umweltbelastung ausgleichend berücksichtigt und möglichst gering hält. So gesehen, hat die „Lebensqualität" doch einen gesamtökologischen Aspekt, da eine echte Verbesserung dieses Faktors nicht durch ein weiteres wirtschaftliches Wachstum, sondern nur durch die Zurückdrängung und Verminderung der Umweltbelastung erreicht werden kann.

„Wir zweifeln, ob dies gut für Menschen sei: immer breitere Straßen für immer mehr Autos. Immer größere Kraftwerke für immer mehr Energiekonsum. Immer aufwendigere Verpackung für immer fragwürdigere Konsumgüter. Immer größere Flughäfen für immer schnellere Flugzeuge. Immer mehr Pestizide für immer reichere Ernten. Und, nicht zu vergessen, immer mehr Menschen auf einem immer enger werdenden Globus. Denn wir haben in den letzten Jahren gelernt, daß dies auch bedeutet: immer schlechtere Luft; immer widerlichere Schutthalden; immer unerträglicheren Lärm; immer weniger sauberes Wasser; immer gereiztere Menschen" (Bundesmin. G. Eppler).

Umweltschutz und Wirtschaftssysteme

Heute wird bei uns der Umweltschutzgedanke von seiten der Politiker und der Industrie allgemein anerkannt und verbal auch seine Berücksichtigung unterstützt, ohne allerdings das angeblich angestammte Prioritätsrecht der Wirtschaft antasten lassen zu wollen. Es werden „umweltfreundliche" Bilanzen veröffentlicht, Umweltbroschüren herausgegeben, Umweltfilme produziert, Umwelt-Foren und -Tagungen abgehalten, Umweltschutzzeichen eingeführt, neue Forschungslabors eingerichtet und Umweltschutzobleute ernannt. Die Industrie hat auch neue „umweltrelevante" Geräte entwickelt und auf diesem Sektor neue Verdienstmöglichkeiten gefunden. Im übrigen wird aber von der Wirtschaft und den ihr nahestehenden Politikern in den eingefahrenen Produktionssystemen (z. B. der chemischen Industrie, Ölgesellschaften, Autoindustrie, Energieindustrie usw.) einer effektiven Umweltpolitik noch erheblicher Widerstand entgegengesetzt. Zugleich wird die Lehre vom unabdingbaren Wirtschaftswachstum, angeblich auch im Sinne des Umweltschutzes, von Politikern und Wirtschaftlern (einschl. der Gewerkschaftsvertreter) weiterhin verkündet.

„Mit der Überwindung unseres privatkapitalistischen Wirtschaftssystems und mit Einführung volksdemokratischer und sozialistischer Prinzipien löst sich automatisch das Umweltproblem von selbst", ist die Meinung vieler politisch aktiver junger Menschen.

Wie steht es mit dem Umweltschutz in den sozialistischen Volksdemokratien?

Im Bereich der Industriezentren sind die Flüsse genauso verschmutzt wie bei uns. Die Zahl der kommunalen und industriellen Kläranlagen ist bedeutend geringer. Industrielle Umweltschutzmaßnahmen wurden bisher bedeutend langsamer — wenn überhaupt — eingeführt als bei uns. Die frühzeitige Festlegung auf mehrjährige Wirtschaftspläne und der damit verbundene schwerfällige Planungs- und Verwaltungsapparat lassen im Laufe eines festgelegten Produktionszeitraumes fast keine Änderung und praktisch keine Einführung einer bremsenden umweltfreundlichen Maßnahme zu. Wirtschaftliches Wachstum (auch als politischer Machtfaktor) spielt auch in den sozialistischen Staaten eine große Rolle. Bei einer gut entwickelten Industrie sind die „kapitalistischen Regeln" von Gewinnmaximierung und Rentabilität von erheblicher Bedeutung. Da die Großindustrie ausschließlich Staatseigentum ist, sind Politik und Wirtschaft sehr eng miteinander verknüpft. Auch für den Staatskapitalismus ist der technische Fortschritt eine entscheidende Maxime. Wie in den westlichen Industrienationen wird in den sozialistischen Staaten der Umweltschutz von der Wirtschaft als Störfaktor empfunden.

Ferner lassen die sozialistischen Staaten folgende Aktivitäten nicht zu: Bürgerinitiativen für den Umweltschutz, Kritik der Massenmedien an Regierung und Behörden wegen umweltlaxen Verhaltens, Veröffentlichung bestimmter Mißstände (Verschmutzung von Wasser und Luft, Trinkwassersituation, Industriemüll usw.), selbständige Untersuchungen von Wissenschaftlern über bestimmte, gegebenenfalls katastrophale Umweltsituationen und die Veröffentlichung der Ergebnisse.

Fazit: Der Umweltschutz ist „systemneutral" und hat in jeder politischen und wirtschaftlichen Machtordnung große Widerstände zu überwinden.

Gesamtökologische Betrachtungen

Zwar ist in den führenden Kreisen wie auch in der Bevölkerung seit 1970 ein gewisses „Umweltbewußtsein" entstanden, und doch ist der derzeitige Erkenntnisstand noch ausgesprochen unbefriedigend. Ein echtes „ökologisches Gewissen" ist bisher nicht vorhanden. Unsere anthropozentrisch orientierte Gesellschaft hat kein Verständnis aufbringen können für Fragen des Landschafts- und Naturschutzes sowie für die Folgen der Umweltbelastung in der Organismenwelt.

Ein Umweltbewußtsein ist in der allgemeinen Öffentlichkeit nur in bezug auf den Menschen entstanden. So sind auch bisher die amtlicherseits einsetzenden Gegenmaßnahmen ausschließlich auf den Menschen bezogen. In der Wissenschaft wurde der Begriff der „Humanökologie" geprägt, dessen Denkstrukturen weitgehend dieser Tendenz entsprechen.

So wichtig diese Beziehung zum Menschen ist — andernfalls wäre schon längst jeglicher Umweltschutz vergessen —, so notwendig erscheint es den Ökologen, immer wieder die größeren Zusammenhänge darzulegen und ein ganzheitliches ökologisches Denken anzuregen. Es muß der Öffentlichkeit klar werden, daß die Menschen mit ihrer Kulturlandschaft eingebettet sein müssen in eine Naturlandschaft, die weniger die Funktion eines Freizeitraumes haben darf als vielmehr die Bedeutung eines ökologischen Reservats zur biologischen Regeneration der Gesamtlandschaft mit ihren natürlichen Stoffkreisläufen und Erholungsprozessen haben muß. In solchen Taburäumen werden die nötigen Wasserreserven geschaffen, wird für einen normalen Wasserkreislauf gesorgt, wird der notwendige Sauerstoff produziert, wird die bodennahe Luft gefiltert und laufen viele andere ökologisch wichtige Prozesse ab. Diese Regenerationsräume müssen auch jene seltenen Tiere und Pflanzen enthalten, um deren Schutz es weniger wegen der Art an sich geht, als vielmehr um die Bedeutung als Leitformen für den gesamtbiologischen Zustand und die ökologische Funktionstüchtigkeit solcher Regenerationsräume in ihrer Vielfältigkeit.

Was not tut in aller umweltbezogenen Planung ist das Zurückdrängen der durch die Wirtschaft und zivilisatorische Entwicklung gegebenen, rein technologischen Denkweise und entsprechender Maßnahmen (auch wenn sie als angeblich umweltfreundlich deklariert werden, z. B. von der Wasserwirtschaft) und die Einführung biologisch-ökologischer Denkkategorien und Verhaltensprinzipien. Von der Regulierung eines Bachlaufes bis zur Entwicklung industrieller Produktionsprozesse ist die Einbeziehung der vielfältigen ökologischen Komponenten, die zumindest gleichwertig neben den wirtschaftlichen, soziologischen, medizinischen und politischen Faktoren berücksichtigt werden sollten, für die Erhaltung der gesamten Biosphäre, in die auch der Mensch eingeschlossen ist, eine dringend notwendige Forderung.

Neues Schrifttum

Wegen der in den vergangenen Jahren in sehr großer Zahl erschienenen Fachpublikationen, die als Dokumentation mehrere Bände füllen würden, ist es diesmal nur möglich, in diesem Literaturverzeichnis die inzwischen erschienenen Hauptwerke über Umweltschutzfragen aufzuführen. Spezialliteratur kann in diesem Rahmen nicht mehr genannt werden.

Anders, G. (1972): Endzeit und Zeitenende. Gedanken über die atomare Situation. 221 S., München (Beck).

Anonym (1971): Materialien zum Umweltprogramm der Bundesregierung. Umweltplanung. 661 + 64 S., Bonn (Bundesmin. Inn.).

Anonym (1972): Forschungsbericht (IV) der Bundesregierung. 216 S., Bonn (Bundesmin. Bild. Wiss.).

Anonym (1972): Ökologie und Umweltschutz. Protokoll des Lehrgangs F 777. 148 S., Fuldatal/Kassel (Hess. Inst. Lehrerfortbildg.).

Anonym (1972): Blei und Umwelt. 111 S., Komm. f. Umweltgefahren d. Bundesgesundheitsamtes.

Anonym (1972): Zur Problematik des Verursacherprinzips. Ergebnis der internationalen Expertengespräche am 2. und 3. Juni 1972. — Beiträge zur Umweltgestaltung, Heft A 7, 56 S., Bielefeld (E. Schmidt).

Anonym (1972): Betriebswirtschaftliche Kosten von Umweltschutzmaßnahmen und ihre gesamtwirtschaftliche Auswirkung. — Beiträge zur Umweltgestaltung, Heft A 8, 232 S., Bielefeld (E. Schmidt).

Anonym (1972): Kosten unterschiedlicher Anforderungen an die industrielle Abwasserbeseitigung. — Beiträge zur Umweltgestaltung, Heft B 4, Bielefeld (E. Schmidt).

Anonym (1973): Umweltpolitisches Bewußtsein 1972. Ergebnis einer Umfrage des Instituts für angewandte Sozialwissenschaft. — Beiträge zur Umweltgestaltung, Heft B 5, 164 S., Bielefeld (E. Schmidt).

Anonym (1973): Wer macht was, wie und wo? Eine Dokumentation zur Umweltforschung. Beiträge zur Umweltgestaltung, Heft B 6, 180 S., Bielefeld (E. Schmidt).

Anonym (1973 ?): Internationales Umweltrecht. Multilaterale Verträge. — Beiträge zur Umweltgestaltung, Heft B 7 (in Vorbereitung), Bielefeld (E. Schmidt).

Bauer, L. (1972): Handbuch der Naturschutzgebiete der Deutschen Demokratischen Republik. 1. 301 S., Leipzig (Urania).

Bauer, L. & Weinitschke, H. (1973): Landschaftspflege und Naturschutz als Teilaufgaben der sozialistischen Landeskultur. Dritte Aufl., 382 S., Jena (VEB G. Fischer).

Beck, P. & Goettling, D. (1972): Umwelteinflüsse der Energieerzeugung. — Beiträge zur Umweltgestaltung, Heft B 2, 175 S., Bielefeld (E. Schmidt).

Beck, P., Goettling, D. & Bach, H.: Energie und Abwärme. Ursachen, Auswirkungen, Empfehlungen. — Beitr. z. Umweltgestaltung, Heft B 8, 625 S., Bielefeld (E. Schmidt).

Buchwald, K. & Engelhardt, W. (Hrsg.) (1973): Landschaftspflege und Naturschutz in der Praxis. 664 S., München (BLV).

Burhenne, W. u. Mitarbeiter: Umweltrecht. Raum und Natur. Systematische Sammlung der Rechtsvorschriften, Entscheidungen und organisatorischen Grundlagen zur Raumplanung und Landespflege sowie zur Nutzung und Erhaltung der natürlichen Hilfsquellen. 4100 S., Berlin, Bielefeld (E. Schmidt).

Coenen, R., Fehrenbach, R., Fritsch, W., Goetzmann, S., Piotrowski, H. D. & Schladitz, R. (1973): Alternativen zur Umweltmisere. Raubbau oder Partnerschaft? 190 S., München (Hanser).

Conrad, W. & Dürre, W.: Handbuch des Lärmschutzes und der Luftreinhaltung (Immissionsschutz). 2200 S., Berlin, Bielefeld (E. Schmidt).

Cox, P. R. & Peel, J. (Hrsg.) (1972): Population and Pollution. Proc. Eigth Ann. Symp. Eugenics Soc., London 1971. 173 S., London, New York (Acad. Pr.).

Curry-Lindahl, K. (1972): Let them live. A worldwide survey of animals threatened with extinction. 394 S., New York (Morrow & Co).

Dasmann, R. F. (1972): Environmental conservation. 3. ed. 473 S., New York (John Wiley Sons).

Ehrensvärd, G. (1972): Nach uns die Steinzeit. Das Ende des technischen Zeitalters. 160 S., Bern (Hallwag).

Ehrlich, P. R. & Ehrlich, A. H. (1972): Bevölkerungswachstum und Umweltkrise. 533 S., Frankfurt a. M. (Fischer).

Ellenberg, H. (Hrsg.) (1973): Ökosystemforschung. 280 S., Berlin, Heidelberg, New York (Springer).

Forrester, J. W. (1972): Der teuflische Regelkreis. Das Globalmodell der Menschheitskrise. 120 S., Stuttgart (DVA).

Franz, J. M. & Krieg, A. (1972): Biologische Schädlingsbekämpfung. 208 S., Hamburg (Paray).

Goldsmith, E. & Allen, R. (1972): Planspiel zum Überleben. 116 S., Stuttgart (DVA).

Graul, E. H. & Franke, H. W. (1971): Die unbewältigte Zukunft. Blind in das dritte Jahrtausend. 303 S., München (Kindler).

Grunewald, A. (1973): Kann der Verkehr umweltfreundlicher werden? — Beiträge zur Umweltgestaltung, Heft A 18, 57 S., Bielefeld (E. Schmidt).

Hösel, G. & Kumpf, W.: Technische Vorschriften für die Abfallbeseitigung. 395 S., Bielefeld (E. Schmidt).

Hösel, G. & Lersner, H. v.: Recht der Abfallbeseitigung des Bundes und der Länder. Kommentar zum Abfallbeseitigungsgesetz, Nebengesetze und sonstige Vorschriften. 436 S., Bielefeld (E. Schmidt).

Illies, J. & Klausewitz, W. (Hrsg.) (1973): Unsere Umwelt als Lebensraum. Grzimeks Buch der Ökologie. 744 S., Zürich (Kindler).

Klasing, K. (1971): Apokalypse auf Raten. Respektlose Gedanken über den Fortschritt. 278 S., München (Biederstein).

Klausewitz, W. (Hrsg.) (1973): Die Umwelt des Menschen. In: Grzimeks Buch der Ökologie. S. 525—698, Zürich (Kindler).

Kloss, H. D. (Hrsg.) 1972): Damit wir morgen leben können. Innere Reformen — politische Antworten auf Mängel im Industriestaat. 158 S., Stuttgart (DVA).

Lersner, H. v. & Roth, H.: Handbuch des Deutschen Wasserrechts. Neues Recht des Bundes und der Länder. Loseblatt-Textsammlung und Kommentare. 6400 S., Berlin, Bielefeld (E. Schmidt).

Liebmann, H. (1973): Ein Planet wird unbewohnbar. Ein Sündenregister der Menschheit von der Antike bis zur Gegenwart. 240 S., München (Piper).

Lorenz, K. (1973): Die acht Todsünden der zivilisierten Menschheit. 112 S., München (Piper).
Meadows, D. L., Meadows, D. H., Zahn, E. & Milling, P. (1972): Grenzen des Wachstums. Bericht des Club of Rome zur Lage der Menschheit. 180 S., Stuttgart (DVA).
Meadows, D. L. & Meadows, D. H. (1973): Toward Global Equilibrium: Collected Papers. 355 S., Cambridge/Mass. (Wright-Allen Pr.).
Meyer, A. (Hrsg.) (1971): Encountering the Environment. Articles from Natural History. 212 S., New York (V. Nostrand Reinhold Co.).
Picht, G. (1970): Mut zur Utopie. Die großen Zukunftsaufgaben. 154 S., München (Piper).
Portmann, A. (1971): Naturschutz wird Menschenschutz. 44 S., Edit. Arche Nova, Zürich.
Rehbinder, E. (1973): Politische und rechtliche Probleme des Verursacherprinzips. — Beiträge zur Umweltgestaltung, Heft A 15, 179 S., Bielefeld (E. Schmidt).
Rolker, J. & Bach, H. (1972): Umwelteinflüsse der Kernenergieanlagen. — Beitr. z. Umweltgestaltung, Heft B 1, 160 S., Bielefeld (E. Schmidt).
Schäfer, W. (1973): Nördlicher Oberrhein, ökologisch und ökotechnisch. — Cour. Forschungsinst. Senckenberg, **2**: 1—34, Frankfurt a. M.
Schultz, U. (Hrsg.) (1971): Umwelt aus Beton oder Unsere unmenschlichen Städte. 142 S., Reinbek b. Hamburg (Rowohlt).
Steinbuch, K. (1971): Mensch, Technik, Zukunft. Basiswissen für Probleme von morgen. 352 S., Stuttgart (DVA).
Strahler, A. N. & Strahler, A. H. (1973): Environmental Geoscience: Interaction between Natural Systems and Man. 511 S. + App., Santa Barbara, Calif. (Hamilton Publ. Co.).
Straub, H. & Hösel, G.: Müll- und Abfallbeseitigung. Müll-Handbuch. Loseblattsammlung, 3 800 S., Berlin, Bielefeld (E. Schmidt).
Thomas, W. A., Goldstein, G. u. a. (1973): Biological Indicators of Environmental Quality. A Bibliography of abstracts. 320 S.
Tobias, W. (1973): Zur Verbreitung und Ökologie der wirbellosen Fauna im Untermain. — Cour. Forsch.-Inst. Senckenberg, **4**: 1—53, Frankfurt/M.
Vester, F. (1972): Das Überlebensprogramm. 234 S., München (Kindler).
Weish, P. & Gruber, E. (1973): Atomenergie und Umweltsituation. Die Radiointoxikation der Biosphäre. — Aufsätze u. Red. senckenb. naturf. Ges., **23**, Frankfurt/M. (Kramer).
Weizsäcker, E. v. (Hrsg.) (1972): Humanökologie und Umweltschutz. — Studien z. Friedensforschung, **8**: 1—141, Stuttgart (Klett).
Widmann, W., Spitta, W. & Loeffler, P. (1973): Nationalpark Bayerischer Wald. 112 S., Regensburg (Walhalla u. Praetoria).

Archives of Environmental Contamination and Toxicology. — Hrsg. Springer-Verlag, New York, Heidelberg, Berlin.
Ecological Studies. Analysis and Synthesis. — Hrsg. Springer-Verl., New York, Heidelberg, Berlin.
Müll und Abfall. Fachzeitschrift für Behandlung und Beseitigung von Abfällen. — Hrs. E. Schmidt Verl., Berlin, Bielefeld, München.

Sachregister

Abfall 17
—, radioaktiver 75
Abgase 52-54
Abholzung 16
Abwässer, häusliche und gewerblich-industrielle 59-60, 70-71
—, schwermetallhaltige 49-50
—, Versickern von 59
Abwasser-Reinigung 60
—, Kosten der 77
Acetylcholin 40
Ackerbau 19
Ackerland, Verlust von 16, 17
Akkumulation von Pestiziden 36, 42
— von radioaktiven Substanzen 76
Aldrin 28, 34, 39
Algenproduktion, erhöhte 60
Altöl 64
Altrhein-Gebiete, Rettung der 67-69
Aminotriazol 40
Amitrol 39
Ammoniak 54
Ammoniumsulfat 60
Analphabetentum 9
Anreicherung von Staub und Abgasen 52
Antarktis, Pestizide in der 35
Aramite 39
Assimilation 51-52
Atemluft 38, 51
Atmosphäre 50-51
Atmung 50-51
Atom-Energie 72-77
— Kraftwerke 72-77
— Müll 74-75
— Reaktoren 72-77
Auslaugung des Mülls 17-18, 59
Aussterben von Tieren 10-15, 20
Austrocknung der Landschaft 15
Autizid-Verfahren 31-32
Autowracks 17
Auwälder, Schutz der 69
Avadex 39
Azodrin 40-41

Bäche, verunreinigte 59
Bakterien, insektenfeindliche 31
Bartenwale, Vernichtung der 13
Baumwollschädlinge, Bekämpfung der 29, 40-41
Beizmittel 48-49
Bermuda-Sturmvogel 37
Bestandsdichte einer Art 18, 20-23, 41

Bevölkerungszunahme 5, 7-10, 25, 104
Bevölkerungszyklus 9
Beutetier 23-24
BHC 29, 34
Biochemischer Abbau 64
Biosphäre 78, 105
Biozide 33
Biozönose 18
Biphenyle, polychlorierte 35, 41-43, 52
Blausucht 63
Bleiarsenat 29
Blei 42-44, 50, 52
Blei-210 76
Bleivergiftung, schleichende 42-44, 46
Blutfarbstoff, roter 51
Boden-Charta, Europ. 112
Brandseeschwalbe 36-37
Brauchwasser 59

Cadmium 49-50
Caesium-137 76
Chemosterilisantien 31
Chiemsee 17
Chlorbenzilat 39
Chlordan 28, 34, 40
chlorierte Kohlenwasserstoffe 33-40, 52
Chlorthion 40
Chrom 49-50
Cobalt-60 76

Dauerschallreize 115
DDD 34, 36
DDE 34, 35
DDT 28, 29, 30, 33-43
— Opfer 36-37
— Resistenz 29, 30
DDVP (Dichlorvos) 33, 40
Destruenten 19
Diazinon 40
Dieldrin 28, 29, 30, 34, 35, 39, 40

E 605 33, 40
Edelgase 50, 75
Einweg-Flaschen 18
Eisen 49-50
Emission, radioaktive 75
— von Gasen und Staub 52-53
Endosulfan 35
Endrin 28, 29, 35, 39
Energiegewinnung 72
Entwaldung 16, 109

Episitismus 22
Erdöl 58, 63
Ernährungsgrundlage 16
Ernährungskrisen 21
Ernte, Vernichtung der 25
Erosion 15-17, 63, 109
Eutrophierung 62, 108, 112

Familienplanung 9
Feldgehölze 16
Fichtenkreuzschnabel 22
Fischbestand, Rückgang des 55, 58
Fische, Quecksilber in 46, 49
Fischfleisch, Geschmacksbeeinträchtigung des 64
Fischerei 47, 55-56, 65, 66, 69
Fischreiher 21
Flüsse, verunreinigte 59-60
Flußbegradigung 111
Flußwasser, Aufheizung des 67, 73
Forleule 25
Forstökologie 109
Forstwirtschaft 109
Fruchtwechsel 33
Fungizide 33, 48-49
Futter 22

Gastransport im Körper 51
Geburtenrate 7, 9
Geräusche 113
Geschmacksbeeinträchtigung des Fischfleisches 64
Gesetze 39, 40, 49, 64
Gewässerregulierung 111
Giftfestigkeit 28, 30
Gleichgewicht, biologisches 18-25, 28, 33
Grundwasser 16, 17, 59, 62-64, 69, 111, 112
—, künstliches 59

Haemoglobin 51
Hausmüll 17, 18, 59
Heptachlor 28, 35, 39
Herbizide 33, 40
Hochwasser 15, 17, 69
Holz 16
Hormone 33
Humanökologie 119
Humus 63
Hunger 8, 9

Immission 76
Industrialisierung 15
Industriemüll 17
Insektenvernichtungsmittel 33-41
Insektizide 33-41
—, chemische 32
—, selektive 32

Isotope 75-77
—, Ablagerung im Menschen 76-77
Itai-Itai-Krankheit 50

Jod-131 76

Kakao-Plantagen, Schädlinge in 29-30
Kartoffelkäfer 25-27
Kernkraftwerke 72-75
Kernreaktoren 72-75
Kiesgruben 64, 69
Kindersterblichkeit 8, 44, 77
Klärschlamm 17, 63
Klima 19, 69
Kohlendioxyd 18, 50-52, 107
Kohlenmonoxyd 51-54
Kohlenwasserstoffe, chlorierte 33-40, 52
—, ölige 64
Konsumenten 19, 25
Krankheitserreger im Wasser 59-60
Krebs 39, 40, 77
Kreislauf, biologischer 51
Krypton-85 75, 77
Kühlwasser 67, 73
Kulturpflanzen 25
Kulturpflanzungen 25
Kunstdünger 19, 59-63
Kunststoffe 17, 18, 42, 48
—, Verbrennung von 18
Kupfer 49-50, 56

Lachsfang im Rhein 65
Landschaft 15-17
Landschwund 15-17
Lärm 113
Lebenserwartung 8
Lebensgemeinschaft 18, 19
—, Regulation der 20-25
Lebensqualität 116
Lebensraum, natürlicher 15
Lebensweise, räuberische 22
Libysche Wüste 16
Lindan 35
Lipoide 42, 77
Lockstoffe 33
Lößboden, Erosion des 16-17
Luft 50-54
Luftzusammensetzung 50-51
Luftfeuchtigkeit 15, 52
Luftreinigung, Kosten der 77
Luftverunreinigung 51-54

Main 69-72
—, Belastung des 69-72
Malariabekämpfung 39
Malathion 40
Mangan 56

Massenauftreten von
  Schadinsekten 25, 26, 28-30, 40-41
Massenvermehrung, künstliche 31
Maultierhirsch 20
Meere als Eiweißlieferanten 55
— als Müllkippen 55-58
— als Rohstofflieferanten 55-56
—, Vergiftung der 55-58
Methylquecksilber 48-49
Mevinphos 40
Milben 22-23
Minamata-Krankheit 47-48
Mineralöl 63-64, 67
Monokulturen 25-28
Monophagie 22
Müll 17-18
Müllbeseitigung, Kosten der 77
Mülldeponie 17
Müllkippen, wilde 17
Müllkompost 63
Müllverbrennung 18
Mutterboden, Verlust an 16
Muttermilch 38

Nahrung 8, 21, 23
Nahrungskette 35, 42, 45, 48, 75
Nahrungsspezialisten 22
Nasenbremsen, Bekämpfung der 32
Nashorn-Arten, Ausrottung der 15
Naturlandschaft 16
Nickel 49-50, 56
Niederschläge 15
Nitrose Gase 52
Nutzfläche, land- und forstwirtschaftliche 15, 16
Nutzinsekten 28, 29, 35, 40
Nutzpflanzen 25

Oberflächenabfluß 15
Oberflächenwasser 17, 59-64, 71
Oberrhein, Gefahren für den 67
Ölpest auf dem Meer 56-58
Ölverschmutzung des Süßwassers 59, 63-64
Ökologie 6, 104
Ökosphäre 106
Ökosystem 19-20, 23, 28, 68
Ökoplage 5
organische Phosphorverbindungen 33, 40-41
Oxydantien 52
Ozon 50, 52

Parasiten 19, 24, 25, 31
Parasitismus, obligatorischer 24
Parathion 40
PCBs (polychlorierte Biphenyle) 35, 41-43, 52
PCNB 39
Pelikan, brauner 37
Persischer Golf, ein Opfer der Ölpest 58

Pestizide 28, 33-41, 52
—, Akkumulation von 35, 38, 42
—, krebserregende 39
Pflanzenfresser 19
Pflanzenkrankheiten 27-28
Pflanzenschutz 19, 28-41
—, integrierter 29-33
— Ämter 33
Pflanzenschutzmittel 33-41
Phitonium-239 76
Phosphorverbindungen 33, 40-41, 60, 62
Phosphor 108
Photosynthese 107
Pilztöter 33
Pinguine 13, 35
Plankton 35, 36, 67, 69
polychlorierte Biphenyle (PCBs) 35, 41-43, 52
Pottwale 14
Produzenten 19

Quecksilber 44-49
Quecksilberverbindungen, Verbote von 49
Quecksilbervergiftung 46, 49

Radioaktivität 74-77
Radium-226 76
Räuber 19, 22-24
Räuber-Beute-Verhältnis 22-24
Rauchen 115
Regenwasser 52
Rhein 17, 65-69
—, Altwässer des 67-69
—, Belastung des 67
—, Erwärmung des 67
—, natürliche Regeneration des 67-69
Rheinsalm, Rückgang des 65

Sahara 16
Salpeter 60
San-José-Schildlaus 31
Säugetiere, ausgerottete 12-13
Säuglinge 42, 63
Sauerstoff 50-51, 108
Sauerstoffaufnahme 51
Sauerstoffmangel im Wasser 59, 62, 73
Sauerstoffzehrung 62, 65
Sauerstoffzufuhr 62
Schädlinge 25, 28, 40-41
Schädlingsbekämpfung 28-33, 40-41
—, biologische 25, 30-32, 109
—, chemische 29, 30, 33-35, 40-41
—, Opfer der 28, 36-37
Schädlingsbekämpfungsmittel,
  krebserregende 39-40
Schilffelder, Schutz der 68-69
Schlamm 16-17
Schmarotzer 24

Schmarotzerfliegen 24, 32
Schmarotzer-Wirt-Beziehung 24
Schraubenwurmfliege, Bekämpfung der 32
Schwarze Liste 47
Schwarzwald 16
Schwefelige Säure 52
Schwefeldioxyd 18, 52-54
Schwefelsäure 52
Schwefelverbindungen in der Luft 50, 52-54
Schwermetalle 49-50
Seehund 41-42
Senckenberg, Mainprogramm des Forschungsinstitutes 69-72
Selbstvernichtungsmethode 31-33
Sickerwasser 15
Silber 50
Singvögel 13
Smog 52-53
Sonnenenergie 106
Spaltprodukte, radioaktive 74, 75
Spritzpläne 32
Städtebau 15
Stauseen 112
Sterberate 7, 9
Sterilisierung von Schädlingen 31-32
Stickstoff 50-51, 60, 108
Stickstoffdioxyd 52
Stickstoffhaltige Gase 54
Störfang im Rhein 65-66
Straßenbau 15
Strontium-90 75-76
Substanzen, radioaktive 75-77
Superphosphat 60

Takun 40
TEPP 40
Thiodan 34
Thomasmehl 60
Thorium-22 77
Treibhauseffekt 107
Trinkwasser 38, 59-60, 62-64, 73
Torrey-Canyon 58
Toxaphen 29

Überbevölkerung 8
Umkippen eines Gewässers 62

Umweltbewußtsein 119
Umweltschutz 19
—, Kosten des 77-78
Unkrautvertilger 33
Untermain, Gewässerprojekt 69-72
Uran-23 77

Verfichtung 110
Vergiftung eines Sees 36
Verkarstung 15-16
Verlandung eines Sees 62
Verpackungsmaterial 17
Versalzung des Rheins 67
Versteppung 17, 110, 111
Viren, insektenfeindliche 31
Vögel, ausgerottete 10-12
—, Todesfallen für 64
Vogelsterben durch Methylquecksilber 48-49

Wachstum, wirtschaftl. 118
Wald 15, 16
Waldrodung 15, 16
Wallhecken 16
Walrosse, Ausrottung der 14
Wandertaube, Ausrottung der 13
Wasser 59-64
—, Belastung des 46-47, 49-50, 60-64
Wasserdampf 18, 52
Wasserhaushalt 15
Wasserkreislauf 107, 109, 110
Weißöl 29
Weltbevölkerung, Entwicklung der 7-10, 25, 104
Weltgesundheitsorganisation 39, 49, 63
Wetterbedingungen 21
Wiederaufforstung 110
Wildpflanzen 25
Wirt 24
Wirtschaft, Wirtschaftssysteme 117
Wirtschaftl. Wachstum 118

Zentralnervensystem 39
Zink 49-50
Zinn 50
Zoophagie 22
Zwergtaucher 36

Dr. rer. nat. Wolfgang KLAUSEWITZ, seit 1954 Leiter der Ichthyologischen Sektion des Forschungsinstituts und Naturmuseums Senckenberg. 1957/58 Teilnahme an der Xarifa-Expedition zum Roten Meer und Indischen Ozean, 1963/64 als Gastforscher im Cape Haze Marine Laboratory, Sarasota/Florida und am Institute of Marine Science, Miami/Florida; 1964 Teilnahme an der Internationalen Meteor-Expedition zum Roten Meer und Indischen Ozean. Hauptarbeitsgebiete: Systematik, Ökologie, Tiergeographie, insbesondere der tropischen Meeresfische des Indopazifik, sowie europäischer Fließgewässer. 1964—1969 Lehrauftrag am Zoologischen Institut der Technischen Hochschule Darmstadt. Seit 1971 Leiter der Abteilung für Wirbeltiere im Forschungsinstitut Senckenberg.

Prof. Dr. phil. Wilhelm SCHÄFER, Direktor des Forschungsinstituts und Naturmuseums Senckenberg in Frankfurt. Meeresbiologe und Meerespaläontologe, als solcher von 1938—1961 Leiter des Forschungsinstituts für Meeresgeologie und Meeresbiologie Senckenberg in Wilhelmshaven. Arbeitsschwerpunkte: Funktionelle Morphologie und Ökologie von Meerestieren, Sedimentations- und Fossilisationsprozesse, Korallenriffe und tierische Soziatäten, Biozönose und Biofazies. Geschichte der Biologie und Paläontologie, Theorie der Graphik und der wissenschaftlichen Illustration.

Dr. rer. nat. Wolfgang TOBIAS, Leiter der Entomologischen Sektion IV (Hydrobiologie) des Forschungsinstituts und Naturmuseums Senckenberg. Studium der Biologie an den Universitäten in Frankfurt und Gießen; 1961—1965 Stipendiat an den Max-Planck-Instituten für Hydrobiologie bzw. Verhaltensphysiologie. 1966—1967 Forschungsarbeiten in Schwedisch-Lappland. 1968 wissenschaftlicher Mitarbeiter der Pflanzenschutz-Abteilung der Farbenfabriken Bayer AG; seit 1969 im Senckenberg-Institut. Arbeitsgebiete: Fließwasser-Ökologie, Tagesperiodik von Wasserinsekten, Systematik und Verbreitungsgeschichte von Köcherfliegen (Trichoptera) arktischer Klimazonen.